藏傳佛教系列

藏傳佛教大趨勢

《佛光西漸》

黃維忠 著

目錄

播撒福音的人　083

西方人的精神之友　103

本書旨在揭示藏傳佛教向西方的傳播過程以及西方人對藏傳佛教的反應。書中首先回顧了西方人探尋藏傳佛教的歷程，隨後展現了藏傳佛教在歐美傳播的艱辛與輝煌。試圖探討西方藏傳佛教熱背後隱藏的一種文化情結：即藏傳佛教對死的豁達、對獨特的活佛轉世理論的闡釋以及他們對靜坐與冥想的實踐，給西方人展示了另一種具有豐富文化內涵的宗教，並部分地解答了長久縈繞在他們心裏的迷惑。佛陀能替代上帝嗎？我們將拭目以待！

出版導言

藏族是一個有著悠久歷史和豐富文化的民族。長期以來，藏族文化因爲歷史和地理的緣故，並未受到應有的重視。隨著現代科技的進步與資訊的發達，本世紀──尤其是近幾十年來，以藏傳佛教爲主的「雪域」民族傳統文化，受到世界各地的重視和研究，而形成一股新的人文熱潮。

有鑑於國內對西藏的宗教與文化現象，仍欠缺較全面、客觀、深入且有系統的研究資料。因此，本社特別規劃，經徵詢專業人士，推薦八本達於上述標準且具有深度的研究書籍，定名爲「藏傳佛教系列」叢書。八本分別爲：《藏傳佛教大趨勢──佛光西漸》、《藏傳佛教密宗奇觀──虹化之光》、《藏傳佛教智慧境界──拈花微笑》、《藏傳佛教大師生涯──成佛之路》、《藏傳佛教活佛轉世──生命之輪》、《藏傳佛教僧侶生活──苦行與樂趣》、《藏傳佛教文化研究──菩提樹下》、《藏傳文化死亡的藝術──喪葬考察》。希望透過這套叢書，能幫助讀者更深入的了解藏傳佛教文化；也祈望能藉由此套叢書，與讀者一起和世界同步迎向這股新的人文熱潮。

作者簡介

黃維忠，江蘇海門人氏。一九九一年畢業於蘭州大學歷史系，隨即入中央民族學院（現名中央民族大學）攻讀中國民族史碩士學位。一九九四年參加工作，供職於《中國藏學》編輯部，業已發表論著譯十數萬字。

序

本書注目的對象是西方。它有兩個主題：一是藏傳佛教在西方的傳播，一是西方人對藏傳佛教的反應。

近來，常聽人說藏傳佛教如何叩開西方世界的大門，在國外如日中天，使耶穌的信徒改變信仰投入佛陀的懷抱，但要他說出具體的內容，他卻只能張口結舌，一臉的迷惘；至於西方人對藏傳佛教有何看法，他們爲什麼突然改變自己的信仰，虔誠地拜倒在佛陀腳下，就更是一個猜不盡的謎，著實令人驚奇不已，勾起人們的探尋欲望。但迄今爲止，國內對這兩方面的介紹仍屬鳳毛麟角，難以給人一個整體的印象與認識。本書便想通過這兩個主題，一方面使國人瞭解西方的藏傳佛教情況，一方面則試圖解開隱藏在藏傳佛教熱背後的那個文化碰撞的情結。

藏傳佛教向西方的傳播，一方面源於西方人的主動獲取，另一方面確是由於藏傳佛教人士的辛勤傳播。

西方人對藏傳佛教的興趣早在十七世紀就已產生。那時，基督的信使、商人、探險者懷著各自不同的目的，遠涉重洋，歷經千辛萬苦，想方設法闖入西藏，去探尋這塊神奇的土地。儘管他們的目的並沒有達到——傳教士們無功而返，商人們失望而歸，探險者們甚至把生命留在了他日夜嚮往的這塊土地上，但他們卻以大量的報告、書信、遊記，向西方人展示了這塊神奇土地上的獨特文化，其中的一些人被藏傳佛教獨特的魅力所折服，主動擔當起向西方介紹藏傳佛教的使命，吸引了一批又一批的西方人。他們或投身于藏傳佛教的研究事業，或實踐著藏傳佛教的禪修靜觀，在西方掀起了一個持續不斷的藏傳佛教熱浪。

藏族自身的努力則顯示了他們由開放——閉塞——開放的歷史軌跡。藏族曾有一個輝煌的時代——吐蕃王朝，有一個絢爛的文化——吐蕃文化。而吐蕃文化最大的特點便是相容並蓄，取眾人之長，成自我之精華。然而，隨著時代的發展，我們不能不看到藏傳佛教的排他性與故步自封，沈溺於佛事佛理，胸懷突然狹窄起來，拒西方高鼻子綠眼睛的洋人於千里之外。時至二十世紀，當現代化的鐘聲迴蕩在雪域大地上時，藏傳佛教又以嶄新的姿態展現在世人面前，走出自我，衝向世界，並以其特有的魅力去接納信徒，傳播文化。他們成功了，在西方掀起了一股來勢不小的藏傳佛教熱。

那麼，藏傳佛教為什麼能取得如此的成功呢？十七世紀初，西方的傳教士在中國曾取得豐盛的果實，其原因便在於利瑪竇、衛匡國、龐迪我等人的著作除了新奇性之外，還有它們對中國傳統的强烈依賴，使中國人想起了自己的道德和善術方面的著作。而二十世紀下半葉藏傳佛教在西方基督教文化氛圍中取得的勝利又靠的是什麼呢？西方人士在接觸藏傳佛教時的反應，在多大程度上顯示了東西方在世界觀上的差異？

基督教文化的衰落，西方文化的變遷，無疑給藏傳佛教的西傳提供了一個極好的舞臺。而藏傳佛教獨特的個性，足以征服西方人的心靈。藏傳佛教對死的豁達，對獨特的活佛轉世理論的闡釋，以及靜坐和冥想的實踐，藏傳佛教大師們的表率，向西方人展示了另一種具有豐富文化內涵的宗教，部分地解答了他們縈繞已久的心頭之謎。難怪他們迫不及待地投入佛陀的懷抱，想體證一下藏傳佛教世界帶給他們的歡娛和精神力量。

等待藏傳佛教的又是什麼呢？是我們的驚喜，我們的感歎，還是我們的期望！這本書，也許能解開您心中的疑惑。

因本書的篇幅所限，內容僅涉及國外藏傳佛教的傳播情況。國外其他藏傳佛教資料，請讀者自行參閱相關資料。

是爲序。

引言

七月末的京城，一會兒熱浪襲人，一會兒大雨傾盆，天氣的飄忽不定卻絲毫沒有減退人們的熱情。他們執著地湧向影劇院，一睹阿甘的眞容。

阿甘是美國好萊塢巨片《阿甘正傳》中的主人公。影片中的阿甘是一位據「科學」測定智商在正常值以下的呆子。

影片中有這樣一個鏡頭：少年阿甘在自行車的追擊下，在金屬腳套的羈絆下，一瘸一拐地奔跑著。然後，那些金屬的羈絆開始紛紛飛落，阿甘開始輕盈地如同一匹鹿似地自由奔跑。他絕塵而去，將聰明的且借助于現代工具的壞孩子們遠遠地拋在身後。從此，演繹了一個智商低下的普通人不同凡響的半世生涯。故事始終由阿甘的話外音牽引著，阿甘以自己的眼睛描述著現代世界應有的模樣。

《阿甘正傳》以其隱藏著的深刻內涵，博得了觀衆的一片掌聲。於是有人說，它反映了一部以美國爲代表的資本主義發展歷史和對這一歷史的反思；有人說，它是好萊塢爲美國新保守主義文化浪潮（向傳統回歸，尋求穩定的價值觀念）增添的又一則寓言；又有人說，《阿甘正傳》是一齣正劇，它向世人展示了另一種智慧——東方的「道」與「禪」。不管怎麼說，它反映了這樣一個無可爭議的主題：尋找精神家園。影片中，阿甘不止一次地勸說：回家吧！回家吧！這股溫馨的對家園的呼喚絕非空穴來風，它反映了西方後工業化文明社會中日益加劇的道德危機。對精神家園的渴望，已成爲西方人世紀末無法擺脫的情結。

世紀末的情結

人上升到神的位置，卻難以把握自我

—丹尼爾・貝爾—

盛世下的焦慮

世界正變得愈來愈小，而人們卻突然發現這世界變得愈來愈陌生。確實，節儉、誠實和遠大的志向彷彿是一個古老的夢，早已消失在塵世的喧囂中了，世界上只剩下了貪婪、爾虞我詐。具有高度物質文明的社會充斥著腐敗、墮落，生態環境惡化，人的欲望無限膨脹，愛滋病也隨之襲來。面對這一切，有的人憤世嫉俗，採取避世之法；有的人卻不斷追求，渴望獲得生命的眞諦。

物質發達的美國，無聊也很發達，而且他們還有自己的組織——無聊者俱樂部。俱樂部的主席宣稱，他們過著無聊的生活，吃著無聊的飯菜，連家庭晚會也是無聊的。總之，「我們的熱情在消失，而無聊卻像無邊無際的海洋」。

「流浪」是憤世嫉俗者的另一種表現方式。美國加利福尼亞、亞利桑那、內華達三州交界處的一片大沙漠，便是漂泊者們最好的庇護所。這裏總顯得那麼沈寂荒涼，即便在城鎭裡也少有熱鬧和喧囂，美國社會所特有的節奏緊張、競爭激烈的氣氛，在這裏彷佛已不存在。這裏是漂泊者的樂園，他們放浪形骸，不少人成了酒徒、賭徒、吸毒者……。漂泊者之中固然有意志薄弱者，但是原因並非那麼簡單。五十七歲的格林遜很富有，在佛羅里達州北部擁有十八所酒精中毒者治療中心，而且有個溫馨的家。他卻在五十歲那年離家出走了，來到了屬於流浪者天地的這片大沙漠。用他的話說：「愈來愈多人賣掉他們的房屋，他們對這個社會感到厭惡！」

是啊，這個社會該遭到唾棄！一切都沾上了銅臭味。商品可以買，精神也可以買，藝術、情感都可以成爲有價的商品。你看，「道場法事」可以花錢訂做，「思鄉懷舊」可以在旅遊公司推銷，你甚至可以高價租來「外婆」、「兒子」，以滿足親情之需！精神「似乎變成了一種可以用箱子或易開罐包裝，當成商品計算的東西」，一種「用過了就扔的東西」，怎能不讓人傷心、垂淚呢？

不過，大多數的西方人卻踏上了一條尋找精神之旅的路程。據美國《新聞周刊》的一次調查，五八%的人需求精神方面的體驗，三分之一的成年人有過一次神聖的或宗教的經歷。下面的介紹同樣出自於《新聞週刊》的報導：

成千上萬的美國人，如今正在從事著尋求精神生活的活動。他們出於對現代世界物質主義的普遍不滿、世紀末的焦慮或是其他各種各樣的因素，或是回歸到他們童年時代的宗教，或是在舊宗教裏尋找新的含義，或是在本國文化之外尋找新的智慧，把不同的文化傳統融合成一種個人信仰。他們熱衷於使用帶「S」的詞，如靈魂、神聖、精神等。

文化市場同樣迎合了這種趨勢。書店裏擺滿了精神生活題材的書信；音樂書店裏最暢銷的是《葛利果讚歌》，天使像則印在禮品商店的包裝紙上；教皇保羅二世的《穿越希望的樊籬》成爲暢銷書；《聖歌》CD片發行了近三百萬盒；佛教打擊樂竟然融入了搖滾樂之中。

流行中，從網球明星到劇本作家都在大談特談精神主題的課程、講演更是場場爆滿；電視臺請來禪師，在電視上傳授坐禪、靜默功。

就這樣，一股尋找精神之旅的旋風在歐美大陸刮起，成爲世紀末西方人的聚焦點。旋風的刮起，反映了物質文明高度發達的西方世界精神的衰退。

上帝死了

哲學大師尼采面對基督教，曾發出這樣的慨歎：上帝死了！

在尼采看來，基督教的原罪說是荒謬的，它不過是讓上帝來同情和憐憫人類的方便藉口罷了，或者說，上帝對人類的愛是以假定人類有罪和渺小爲條件；如果上帝眞想成爲愛的對象，就必須放棄審判，哪怕是所謂公正、仁慈的審判。

尼采認爲，基督教輕視人的本能，扼殺人的意志，把人的激情壓抑在人的意識之下，這是對生命的根本否定；而基督教宣揚寬恕、謙讓和自我犧牲的處世原則，是棄强就弱，是奴隸道德，是人類自怯的表現。在尼采眼裏，基督教道德只不過是畸形、虛弱、愚蠢及倦怠平庸的病態人的僞裝罷了，因此，基督教道德是頹廢的道德。尼采一針見血地指出：基督教徒要有揭發這個世界的醜惡與敗壞的決心。

上帝死了！這是一股擋不住的旋風！

曾幾何時，基督教挾著一股清風席捲了歐美大陸，幾乎每一個西方人都成爲它的忠實信徒。這也難怪，因爲基督教爲人們提供了這樣一幅精神遠景：雖然現世的物質生活非常貧困，人生異常苦難，但來世會給予補償的。對於終會來到的幸福的憧憬，使人們能夠接受和忍耐現世正在經歷的苦難和煩惱。於是貧窮的人們按照耶穌所提示的道德規範自己的行爲，滿足當前的命運，以期達到未來的目的，得到基督的褒賞。

在近代，基督教的禁欲主義又化作一股動力，刺激著資本主義的發展，社會財富的增加，物質生活的富足成爲普遍的現實。然而基督教萬萬沒有想到，它在滿足了子民們物質富足的同時，也埋下了它「自取滅亡」的火種。

這是一個令（基督教）耶穌沮喪的過程，在美國當代大思想家丹尼爾・貝爾的筆下，這個過程是這樣的：代表著基督教衝動的禁欲和節制的精神，先是被世俗法制社會碾去了神學的外殼，繼而又被工業時代的現實主義文學、實用主義哲學和科技理性割斷了它的超驗紐帶；最後，二十世紀的新文化運動和分期付款、信用消費等享樂主義觀念又徹底粉碎了它所代表的道德倫理基礎，將社會從傳統的清教徒式的「先勞後享」引向超支購買、及時行樂的糜費心理。基督教只剩下了一個美麗的外殼，只有聖誕老人來臨時，人們才又重新意識到耶穌的存在。

失去了耶穌的人們盡情享受著發達的物質文明帶來的富足。可是，日益富足的人們卻陷入了信仰上的虛無和迷亂之中。人們整日圍繞經濟這一魔棒旋轉，難以駕御自己的欲望和本能的衝動，於是兇殺、暴力、姦情泛濫，痛苦和煩惱充斥著生活。

用貝爾的話說：「我們正佇立在一片空白荒地的邊緣。現代主義的衰竭，無拘束自我的令人厭倦，以及政治言論的枯燥無味，所有這一切都預示著一個漫長時代行將結束。……超越自然，超越文化，超越悲劇——去開拓無限」。

既然上帝已經死了，那麼他們該怎麼辦？坐以待斃顯然不是什麼良策，最好的方法是探尋「上帝」以外的世界。

佛陀與上帝

在探尋的過程中，西方人從他們曾經不屑一顧的東方世界中發現了那麼多神奇的東西，於是中國的道

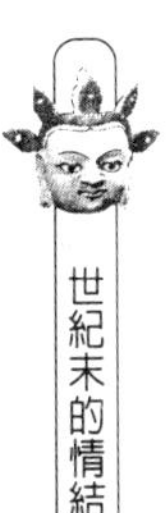

教、中醫，日本的禪宗，印度的印度教等被急切地搬了過去，他們練太極、靜坐、冥思，學瑜伽功；《道德經》、《易經》及佛經一如《聖經》般暢銷起來。這其中，尤以佛教的博大精深與貼近現實而愈來愈受到西方人士的喜愛。

的確，佛陀的教導和耶穌的宣示是那麼的不同。儘管他們都是謀求人類的幸福，可是在許多「關鍵」問題上，他們卻給予了兩種截然不同的答案。對他們作一番全面而公允的比較，不是本書的主旨，也非我的能力所企及，在此我只想提及與本書關係密切的幾個問題：即神、原罪和人的拯救。

關於神的問題是基督教與佛教的根本區別之一。基督教强調上帝創造了人，創造了一切，而佛教根本不相信有造物者的存在。關於上帝造人的傳說早已銘刻在西方人的腦海中，上帝星期一造了什麼，星期二造了什麼，最後創造了亞當，抽出亞當的肋骨創造了夏娃，這一切對西方人是再熟悉不過的了。他們不敢相信，如果不是上帝，那麼又是什麼大智的原則掌管了世界的萬物？

佛教的解說使他們走進了一個嶄新的世界。佛陀告誡說，一切都是無始無終的。佛陀說，假如這個世界是由上帝創造的，那麼世上應該沒有煩惱或不幸的事情，更沒有什麼行邪行正的問題，否則的話，無論是清靜或不淨的行爲，都是由上帝一手造成的了。再者說，上帝既然創造了萬物，那麼世上一切的生物都應默然俯首於上帝的神權之下，這樣，積德修善和爲非作歹又有什麼兩樣呢？

於是基督教又宣稱：什麼煩惱、不幸，什麼行惡、僞善，那都是人生出來的是非。這就涉及了另一個問題，人是不是生來就有罪？基督教强調原罪說，認爲人生來就有罪，這就一棍把人打死，罪惡彷彿胎記般牢牢地刻在人的身上，驅之不散，趕之不去。可是佛陀卻告訴人們，衆生皆有佛性，都能修得佛果，這就好像快要淹死的人發現了一根救命稻草般給人以無限的安慰。基督教使人相信，人是有罪的，從而給人套上了心靈的枷鎖，負罪般的生活；佛教卻給人以寬慰，相信通過自己的努力，終可修得佛果。

基督教在打了人一棍之後，這樣安慰人們，人雖說是生來就有罪的，但耶穌已經流血犧牲，藉此可以寬恕整個人類的罪過，因此你必須時時向上帝禱告，祈求上帝的寬恕，以得救世主的拯救；佛教則教導人類應盡自己的能力自救自度。佛陀教導眾生，人完全可以經過自己的努力達到自己所嚮往的目標——超越世間，而成大覺，達到圓滿覺悟的境地，從而眞正消除人生的無常和痛苦的生死輪迴。

這樣，你可以看出來，在拯救問題上，基督教教人依靠一種外力或一位救世主的拯救，而佛教卻教人自救，修得佛果。

佛陀的勸慰讓基督教徒們感到「那麼的親切、自然」，不由得對佛陀產生了親切感。

於是有人說，上帝只是一個牧人的上帝，他只會發號施令，把意志强加於人；有人說，基督教只給人們一次機會，這一世表現得好便上天堂，不好便下地獄；有人說，基督教無視人的求知欲望，只是告訴人們，信仰上帝，不必多問，這是上帝考驗你的時候，或者是對你的恩賜，你要全部接受……。

一位基督教徒對基督教的思索更顯示了他的渴望與無奈：

「耶穌所達到的大智境界，從未被經典、教堂、修女或牧師給予人們滿意的解釋。傳道者告訴人們，耶穌是上帝的兒子，這是不夠的。究竟是什麼力量使耶穌能夠行走水面，且使麵包和魚愈分愈多？既然耶穌以人身顯現，我相信其中肯定有超人之處，且以模糊的恩典與信心來解釋其意義。而耶穌極度人性的一面，揭

示了我們都具有和他一樣的潛力。耶穌曾幾次暗示：『我向天父學習的，我都明示你們了。』他的至理名言是——天國就在你們心中。我渴望知道如何達到這種境界及這句話的真正含義。」

就在這時，藏傳佛教出現了，它挾著雪域的清新、藏族的執著，從雪山走下，飄洋過海，在西方世界中紮下了根。而藏傳佛教僧侶們也以西方人看得見、摸得著、活生生的形象，展示基督教徒們所渴望的神秘與智慧。

藏傳佛教帶來了什麼？

撲入西方人眼簾的首先是藏傳佛教的神秘與離奇，令他們驚奇不已的是藏傳佛教的儀式、喇嘛和活佛。你瞧，念咒聲的迴響，縈繞的長號角、銅鑼聲，靜坐間到處掛滿的多頭多肢的神像；有超目力、通靈能力的喇嘛，他們不需睡眠，甚至不需吃飯；以蓮花坐姿圓寂的高僧，幾週後身姿不變，身體沒有腐爛，卻散發著香氣……這一切令人不可置信的現實擺在了普通西方人士的面前。

然而更重要的不僅僅是這些表象的東西，吸引西方人拜倒在佛陀腳下的，更多的是因爲它博大精深的智慧和爲一切眾生謀求幸福的偉大精神。

耶喜喇嘛說，藏傳佛教有一些寶貴之處可以貢獻給西方。西方人對心靈的功用缺乏瞭解，他們不知道人類具有能夠成就一些超越世事的潛力，而「透過自己的心靈，能達到不可思議的快樂境界」。

美國的拉・莫阿卡寧則以西方學者的眼光審視著藏傳佛教在西方的出現，並給予了很高的評價：

「當道德和精神價值在充滿物質主義和黷武的西方文明中極度墮落時，必然會產生它的抗衡力，即出現來自西藏的聖人。他們從世界屋脊降落到西半球的河谷。藏傳佛教喇嘛們所具有的深奧智慧、博大的同情心、沈著從容的舉止和文雅的談吐，使西方人士深深為之折服。尤其是在沈默冥思中，他們以一種直接的，具有說服力的方式向西方世界的『俗人』作出了證明。而更重要的，他們是覺悟之佛的活生生的象徵，他們顯現在我們之中，正是藏傳佛教對西方世界獨一無二的、具有意義的貢獻。」

看完了全書的敘述，你也許會覺得他的讚譽一點也不過分，可是我們目前急需解決的是這樣一個問題：面對西方的現實，藏傳佛教怎麼辦？

正如法國的謝和耐所說的，社會總是建立在一大堆爲社會全體成員所接受的傳統基礎上，這些傳統在歷史的進程中變得根深蒂固，成爲社會行爲、思想方法和感情以至語言等內在的組成部分。因而一種宗教在異地的傳播，絕不僅僅是個宗教問題。語言差異、社會動態、道德規範、政治哲學和宗教傳統間的諸種差異，是宗教傳播過程中必須克服的一條看不見的鴻溝。

在基督教文化的汪洋大海中，藏傳佛教需要解決的問題可不少，怎樣用淺顯的話語解釋深奧的佛學教義？語言怎麼辦？是嚴格地保持傳統，還是因地制宜地走向「現代化」？……顯然，靠藏傳佛教人士的孤軍奮戰是不行的。

不過，藏傳佛教很幸運，它沒有受到西方人士的多方刁難，卻異乎尋常地受到了歡迎。這其中除了上面提到的社會文化的變遷之外，還凝聚了西方人士的不少心血：有早期傳教士的宣傳，有藏傳佛教研究者們的推動，也有熱心佛教人士的提倡，他們的努力加之藏傳佛教喇嘛們的辛勤勞動，結出了豐碩果實——藏傳佛教在歐美各國遍地開花，碩果累累。

闖入世界屋脊的人

基督教傳教團最後給西方世界留下的，是世界屋脊難以闖入的消息和斷言。禁地的吸引力卻更加刺激了西方人的胃口。

西方人探尋西藏，首先歸功於一種對東方狂熱嚮往的夢想。西元一一四五年，敘利亞加巴拉的主教在致教皇歐仁三世的一份報告中提到了一位名叫約翰的國王，據說他是一位基督教徒，也許還是一位長老，「他生活在東方最爲偏僻遙遠的地方」，取得了戰勝不信基督者、波斯人和米迪亞人的偉大勝利。不久，便有據說是約翰長老本人的作品在歐洲的許多宮廷中出現。約翰長老宣佈：「你們可以比較一番，並毫不猶豫地堅信我是王中王，我在財富、道德和勢力方面超過了大地上的其他所有國王。」「朕有豐富的白銀、寶石、大象、單峰駝、駱駝和狗。朕這裏沒有赤貧者，也沒有小偷和强盜。」約翰長老的故事深深地吸引了西方眾多的夢幻者。當這種具有異國趣味的虛假形象之超現實思想，滲透進歐洲淘金者的豐富想像之時，歐洲便開始眞正行動起來，開始尋找新的非常眞實的地區。然而，掀起這股持續不斷的熱浪的動因，則是成吉思汗子孫的鐵蹄。

中世紀之夢

當拔都率領他的蒙古騎兵席捲了匈牙利平原之後，歐洲陷入了一片恐慌。幾經斟酌，終於決定派遣使者前住蒙古，鼓動蒙古可汗投入基督的懷抱。於是在一二四五年，義大利天主教小兄弟會創始人之一，年逾六旬的柏朗嘉賓有幸成爲首批使者之一。儘管他的出使失敗了，但卻替我們留下了名爲《蒙古史》的報告。其中便有一段道聽途說而來的關於「波黎吐蕃」的故事，對他們的某些習俗感到難以置信。時隔八年，法國佛蘭德斯地區的一名聖方濟會士魯布魯克被選爲第二個使團的帶領人，於一二五三年啓程赴蒙古。一二五五年返回後，將獲悉的情報寫成一封長信——《魯布魯克東行記》呈復國王，告慰國王不必對蒙古有任何擔憂，

因為蒙古已經不存在對西方再發動一次進攻的戰略準備。他同樣也提到了西藏，告知歐洲人：西藏是一塊盛產黃金的寶地，他們的文字寫法也是從左到右的，草書很像法文的草書。並且第一次向西方人提供了藏傳佛教的思想。他的東行記為我們描述了藏傳佛教的景象：

> 他們所有的巫師都被剃度，鬍鬚也被剃光。他們身披黃袍，一旦被剃度之後便要遵守貞潔，由一百至二百人組成同一教團。他們進入寺院並在面對誦經人的地方坐在兩條長板凳上，手捧經書，有時也將經書放在板凳上。他們只要在寺院中就光著頭，低聲誦經，用心地維持安靜……他們無論走到哪裡，都佩帶由一百或二百顆珠子串起來的念珠，就如同我們的人佩帶的念珠一樣。這些人口中始終用他們的語言念誦：「唵嘛呢叭咪吽」正如他們之中的一人向我解釋的那樣：「佛爺，您知道……」，事實上，「唵嘛呢叭咪吽」的咒語不僅被低聲念誦，而且還被寫在山頂嘛呢堆（石堆）、祈禱幡、嘛呢筒上。

但對於佛陀的教義，魯布魯克只有一些非常含糊不清的概念。他稱佛教徒為「偶像崇拜者」，認為他們信仰靈魂轉世論和「各種神靈」的存在。而且相信殺生、甚至殺死一個小昆蟲都是一種不可饒恕的罪行。

使者的使命從此結束了，但商人和傳教士卻形成了從西向東的第二次旅行高潮。義大利偉大的旅行家馬可波羅，不用說大家都很熟悉。《馬可波羅遊記》中專門闢出兩章敘述「西藏的情況」，他是第一個講述長江上游盛產麝香的西方人，但他所述的並不是西藏本部的情況。真正介紹西藏情況較多的則是被譽為中世紀四大旅行家之一的鄂多立克（一二八六—一三三一）——義大利弗里烏省波登隆埃縣的一位方濟會士。他於一三一八年開始旅行東方，一三二三年到達中國，遊歷了我國的泉州、福州、杭州、南京等很多城市，並且在元朝京都汗八里（即北京）旅居三年，一三二八年才返回歐洲。在他的旅行遊記中，爲我們留下了關於西藏天葬、婦女辮髮、宗教等生動的描述，以致於有些人認爲他是第一個到達拉薩的西方旅行家。但最終因證據不足，而被大多數人否定了。然而，眞正赴藏的耶穌信徒們就要粉墨登場了。

基督的信使

葡萄牙的耶穌會士鄂本篤是「第一個能呼吸高地亞洲地區稀薄空氣的西方人」。不幸的是，他沒有經過西藏，而是穿越帕米爾之後到達了我國河西走廊的酒泉，因而第一個到達西藏的桂冠沒有戴在他的頭上，而是被他的同鄉安奪德奪去了。安東尼奧・德・安奪德一五八〇年出生在葡萄牙貝拉拜薩省的奧勒伊羅斯市，十六歲的時候他便加入了耶穌會。一六〇〇年到達印度的柯欽，一六〇一年開始，在果阿的聖保羅耶穌會學院學習，畢業後開始從事神職工作。

喜馬拉雅山那邊的傳說對他來說具有無比的吸引力。他深信山那邊肯定存在著已經被人遺望的基督教兄弟們，他發誓要穿過喜馬拉雅地區，找到被人遺忘的教徒。

他的願望不久便實現了，而且找到了一個合適的夥伴馬努埃爾・馬克斯修士。一六二四年三月的最後一天，他們從莫臥兒的宮廷啓程，踏出了他們探尋「基督」的第一步。

他們打扮成朝聖的印度人模樣，混入了一支由印度人組成的朝聖者隊伍。他們飽嘗痛苦和磨難，在離開莫臥兒宮廷四個月後，終於穿過了喜馬拉雅山脊，抵達西藏阿里古格王朝的札布讓，並且受到了古格王和王妃的「不可思議」的熱忱歡迎。

儘管安奪德和馬克斯不懂藏文，儘管藏族人也只能勉強聽懂幾句波斯語（波斯語是亞洲傳教士所操的唯一語言），古格國王對基督教卻表現出了極大的興趣，對兩位傳教士優禮有加，甚至簽發了一個對他們來說無疑是尚方寶劍的文件：

「我們大西藏王國的國王非常愉快地接待弗朗吉姆（明代指葡萄牙人）神父安東尼奧，他蒞臨我們地方是為了向我們講經傳道。

我們視他為我們的大喇嘛，並給予他向我們傳佈和教導教義的充分權利，任何人不得對他干擾搗亂。此外，我們還將向他提供處所和必要的幫助，以修建祈禱教堂。我們還將願意高興地看到，在弗朗吉姆商人來我地經商時，安東尼奧神父及其教友不與他們進行買賣往來，因為那將違背他們的教規……。」

於是，在一六二六年八月的復活節那天，一座基督教教堂矗立在札布讓的土地上。古格國王捐獻了不少的資金，並主持了奠基儀式。教堂內側裝飾著由神父們自己繪製的《新約全書》裏的場景。

耶穌會士的「成功」引起了古格國王的兄弟和當地格魯派寺院大喇嘛們的不滿。一六三三年，當古格國王宣佈剝奪喇嘛們某些收入的命令後，對立氣氛陡增，僧侶們被激怒了，並引來了拉達克的軍隊，札布讓的耶穌會傳教區被洗劫一空，傳教事業從此一蹶不振。

安奪德由於在這之前被招回印度任果阿的行使會長而倖免於難。但他時刻關注著事件的進程，最終還是由於他的不懈努力，使他的教友們獲得了釋放。一六三四年，當年已五四歲的安奪德準備再一次把基督教傳

給西藏人時，在前往札布讓的途中不幸遇難。缺少了安奪德這個中堅力量，傳教團的影響愈來愈微弱了。一六四〇年安奪德的舊友馬克斯作了同樣的努力，但再次失敗，馬克斯再也沒能返回印度，給人留下了無盡的遺憾。

他們努力的最終結果是：「多年之後，當另一批旅行者從西藏西部經過時，在那裏沒有發現任何基督教的殘存遺跡。安奪德勇敢的嘗試似乎消散在稀薄的空氣之中了」。

安奪德們的努力雖然失敗了，但他卻給我們留下了許多關於藏傳佛教的記載。安奪德談到了藏傳佛教僧人的習俗和服飾：

「喇嘛終身不結婚，他們一生的聲譽很好。有些喇嘛住在寺院，有些喇嘛散居各處。所有喇嘛都靠別人的施捨度日，即使有些比較富有的喇嘛，仍然乞求施捨和接受別人的奉獻。他們的日常義務是傳教誦經，把誦經當做祈禱，他們甚至把誦經直呼為『祈禱』……他們的衣服是毛織品，外罩形同我們的長袍，但沒有袖子，因此總是裸露雙臂。腰帶也是毛織的……除了披風有時也有黃色的外，所有衣服都是紅色的。他們的帽子有兩種：一種和我們修士的風帽相似，只能把頭和脖子遮住，到不了胸部；另一種是大喇嘛專用的，形似我們的主教冠，上端是縫合的。」

他對僧人的辯論和宗教舞蹈（即跳羌姆）也有詳細的描述：

「一般情況下，他們總是以莊嚴的辯論結束這樣的祈禱（指誦經）。辯論由寺主來主持，喇嘛們各抒己見。辯論的內容都是由經書提供的。辯論完畢後，他們便穿上中國式的長衫，戴上帽子，手持布條或有節奏地敲著鈴跳舞，舞蹈極為複雜。跳舞的都是年輕的喇嘛，還有一些學習跳舞的青年。……年輕喇嘛在舉行儀式時是神的代表，因此，他們的穿戴與眾不同……。他們叫天使為神，他們把神裝扮成各種模樣：有些打扮得很年輕、漂亮，而有些則令人生畏，他們在和魔鬼作鬥爭。他們說，之所以把神裝扮成各種樣子，並非神原本是這些模樣，而是為了表示他們在驅魔壓邪方面的各種作用。他們認為神是多得不可勝數的，但可分為九類，有些神威力很大，有些則次之。他們認為所有神都是沒有身體的。」

當然，安奪德介紹的不僅僅是這些，還有藏傳佛教的重要宗教儀式、喇嘛治病、摸頂、發誓以及占卜凶吉的情況，甚至是與苯教有關的驅魔打鬼儀式、藏傳佛教的一些教理……在後面適當的時候，我們還要提到這位功不可沒的耶穌使者。

在《早期傳教士進藏活動史》一書裏，伍昆明先生告訴我們，在八十年代中期古格王國遺址的調查工作中，竟然發現了一個寫有葡萄牙文的紙糊的骷髏面具，而葡萄牙文的內容便是《聖經》的一部分。它的存在，再一次勾起了人們對十七世紀上半葉耶穌會士傳教熱情的回憶和敬佩。

第一個進入聖城的歐洲人

一六六七年，德國耶穌會士克舍爾（Kircher）神父在荷蘭的阿姆斯特丹出版了他編著的《中國圖說》一書，這個在西方出版的第一本有關中國的書很快轟動了歐洲，在短短的幾年間，荷蘭文、英文、法文及拉丁文等各種版本相繼出版，奧地利耶穌會士白乃心和比利時傳教士吳爾鐸的名字也隨著本書的傳播而響徹歐洲。因爲他們是第一批進入拉薩的歐洲人，他們的旅行報告再一次勾起了歐洲人對神秘的雪域王國的好奇心。

白乃心是他們二人當中的主角，原名約翰・格魯伯，白乃心是他自取的漢名，並且按照中國人的習俗取了一個字號：蔡陽。

白乃心的履歷在《奧地利訃告一六一五—一六八五年》中記載得很精鍊，我們不妨抄錄在這兒，並稍作一些必要的補充。

白乃心神父，奧地利林茨人（一六二三年十月二十八日生），於本修會（一六四一年十月十八日加入耶穌會）以優異成績完成高深學業。在攻讀神學的第四年，同時鑽研曆算。最初準備去達西亞（地處羅馬尼亞）傳教，後經馬可・狄司戴神父的勸請，赴華傳教，並與之同往羅馬（一六五六年），從羅馬啓程去中國。（一六五八年七月抵達澳門）先居澳門，發四願：神貧願（不具私產）、貞潔願（不結婚）、聽命願（服從長上）、服從願（服從教皇）。後由澳門抵北京，隨湯若望在宮廷供職三年。三年後（一六六一年）與吳爾鐸（原名阿爾伯特・道維爾）持中國朝廷護照，跨過平原，翻越高山，長途跋涉，前往印度，再由印度抵羅馬。

一六六一年四月十三日，白乃心和吳爾鐸踏上了返回羅馬的征程。他們選擇了從西藏翻越喜馬拉雅山，穿越尼泊爾、印度返回歐洲的路線。在他們選擇道路的同時，歷史也選擇了他們。從此，歷史青冊上將永遠銘刻著他們的名字：第一批到達聖城的歐洲人——白乃心和吳爾鐸。

他們離開北京四個月後，於一六六一年十月八日抵達了拉薩。於是，白乃心成爲第一個向西方人介紹拉薩和達賴喇嘛（第五世）的白種人。由於具有繪畫和天文、地理學方面的才能，白乃心測定了拉薩的方位，據說和現在的精確經緯度只有半度之差，而且繪製了一張布達拉宮的素描和五世達賴喇嘛的畫像。

當然，白乃心神父提到最多的還是藏傳佛教的情況。他看到，人們對達賴喇嘛無限崇拜，朝覲者在達賴喇嘛面前跪拜、叩頭，「以難以令人置信的熱情吻他的腳」，「他儼如一位教皇」。同時，他也注意到了大喇嘛的轉世。「大喇嘛圓寂前，喇嘛們或大臣們單獨不斷地以仔細和憂慮的心情侍候在大喇嘛床邊，從他口中得到口諭。他圓寂後，喇嘛們在整個王國尋找一個和大喇嘛在各方面完全相同的人，來取代已故的大喇嘛」。這是早期西方人關於活佛轉世、靈童尋訪比較準確的記載。

另外，他驚訝地發現，儘管西藏並沒有基督教徒，但「他們的宗教與羅馬天主教一致」。他們「用酒和麵包做彌撒，行塗油禮，吟唱婚禮歌，爲死人做祈禱，接受聖人的遺物。有寺院、尼姑庵和唱詩班。還要遵守一年當中的齋戒，經歷最嚴酷的苦行，其中有鞭笞。還有授任持職位、派遣僧人等等」。

白乃心還是第一個注意到嘛呢輪的人。嘛呢輪是藏傳佛教信徒祈禱用的法物，形狀像一個小桶，四周刻著「唵嘛呢叭咪吽」六字真言，中間有一根軸，桶內裝著紙印的經文，拿在手裏不停地轉動，同時口念六字真言，表示信徒在念誦佛經。在白乃心看來，這個內裝祈禱經文的圓筒，在西藏的宗教生活中有著舉足輕重的作用。他們認爲，「不停地轉動小圓筒，就可以把經文傳送出去，而不需要思考和發聲」。

白乃心的記述，再次引起了歐洲人對西藏的強烈興趣，傳教士的好事又來了。

幸運的德西德里

面對德西德里，安奪德贏得古格王朝的支援，只能算是小菜一碟了。德西德里要比他幸運得多。他在半路上快要迷失方向的時候，蒙古王公的遺孀戛薩爾恰如一盞指路明燈及時出現了；他孑身一人在拉薩的時候，治理西藏的蒙古和碩特部首領拉藏汗及其部下向他伸出了援助之手；在準噶爾的鐵蹄踐踏拉薩的時候，他可以在僧官的庇護下，在塔布的宗納，安然地用藏文撰寫他那部三大卷的駁斥藏傳佛教的書……，你禁不住要說，太幸運了。可是德西德里並不這麼想。當他入藏六年後，因兄弟教會的排擠而被迫出藏時，他憤怒了，不斷地向羅馬教廷申訴，直至他生命的最後一刻，他也是帶著一肚子的怨恨向上帝訴說去的。那麼，德西德里究竟是何許人也？

他是一位義大利的耶穌會士。也許是上帝的旨意，他立志要獻身於西藏傳教的佈道工作。一七一二年，年方二十七歲的他向耶穌會總會提出了這方面的懇求。羅馬教皇克列門十一世爲有這樣的殉道者而感到驕傲，親自接見了他，並對他的決心和勇敢行動表示了嘉許和勉勵。據說德西德里激動萬分，「親吻了教皇的腳」，然後躊躇滿志地踏上了他的征程。

一七一五年六月二十日，德西德里和他的夥伴葡萄牙籍神父埃馬努埃爾・弗雷勒神父一行抵達了他稱之爲「第二西藏」的拉達克首府列城，得到了拉達克土王尼瑪朗吉的召見。他們驚訝地發現，「來遊歷過拉達克的唯一歐洲人就是他們自己」。那麼，安奪德傳教過的地方在哪兒？卡普清修會傳教的地方又在哪兒呢？直到有人告訴他，在離拉達克三個月路程的衛藏地區有一些穿著法衣的歐洲人時，他才弄明白，還有一個比拉達克更大的地方，他把這個地方叫「第三西藏」。

在他的夥伴弗雷勒神父的慫恿下，他們於八月七日離開列城，奔赴衛藏。在一個名叫扎西岡的地方，他們遇見了一個廣闊而可怕的大漠，他們沒有嚮導，只得向附近村裏一座寺廟裏的喇嘛求救。救星果然出現了，她是駐紮在噶大克守衛部隊的總指揮蒙古王公的遺孀，名叫戛薩爾，應召返回拉薩，而又恰巧路過此地。德西德里發出了由衷的感歎：「天哪！這位絕不拋棄信賴她丈夫的人，為我們提供了意想不到的最好護衛隊。」十月九日，他們再次啓程。

這是一段並不安逸的旅程。「令人生畏的嚴寒和狂風」撲打著德西德里的臉頰，使他禁不住大聲吼叫；而且在三個月的時間裏，他既沒有看到村莊，也看不到任何動物。在夜間，大地為他提供了最大的床鋪。「當你刨開積雪，你的房間就是降落下大雪和凍雨的天空」德西德里回憶道：「你裸露在嚴寒之中，冒著失去鼻子、手指、腳趾甚至生命的危險。」笨重的羊皮衣為他們抵擋了不少刺骨的冷風，然而隨之而來的是滿身的蝨子騷擾得他們難以入睡。

德西德里的夥伴弗雷勒面臨了一場悲劇，事後他清醒地記述道：「一天，我的馬開始從鼻孔裏流血，而且餓得發抖。它終於在夜幕降臨之時一頭栽倒在雪地裏。我遠遠地落在他人之後，身邊除一名僕人外再無他人。日光消盡之後，我再也找不到其他人的足跡。為了取暖，我不得不偎依在馬肚子上，等到第二天早上。」不幸的教士被救星戛薩爾派出的幾名騎兵找回來時，已經凍僵，精神幾乎達到了崩潰的邊緣。「溫暖的篝火、食物和公主真誠的關心使我恢復了正常」。弗雷勒為自己的再生感到無比幸運。

一七一六年三月十八日，他們終於望見了聳立在他們面前的布達拉宮，疲憊不堪的德西德里為之一震，拉薩終於到了。弗雷勒認為拉薩的「酷寒和食品匱乏，幾乎不適於歐洲人」，便在抵達拉薩幾天之後像躲避

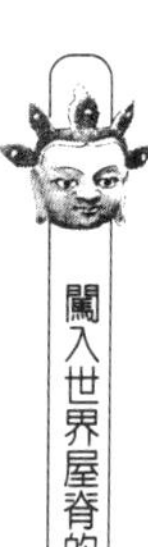

瘟疫般匆匆返回印度去了。德西德里便成了此時留在拉薩的唯一一個歐洲人。

德西德里不僅用他的一瓶巴西的鎮痛香膏、一瓶治中風的藥水、兩塊加斯帕爾——安東尼奧石，贏得了拉藏汗的歡心，而且以坦率和眞誠的態度、有魄力和說服力的演說打動了拉藏汗和他的幹將們。拉藏汗向德西德里保證：「要像父親照顧兒子那樣照顧他，叫他留在拉薩，學好藏語，以便不用翻譯可以隨時交談。」德西德里感到無上的幸福，「我的傳教會，由於上帝的恩惠，就這樣幸福地開始了」。

上帝又給了德西德里表現的機會。六世達賴喇嘛倉央嘉措圓寂以後，拉藏汗另立了一個七世達賴喇嘛。這一做法激怒了格魯派的僧人們，他們拒絕承認，重新找了一個轉世靈童，並且不斷尋找機會要翦除拉藏汗。一日，拉藏汗和他的寵臣達甘扎西中了毒。德西德里聞訊後，趕忙送去一瓶名叫「羅馬塔裏亞卡」的藥，拉藏汗服用後，果然很快痊愈。拉藏汗自是感激不盡，竟然承諾，如果德西德里能夠說服他的話，「我、我的整個家族及朝臣、屬民都將成爲耶穌基督的追隨者。」這怎能不讓德西德里發狂和心跳，他發誓要加快速度，使得拉藏汗的諾言早日實現。

於是，德西德里在長達六年的時間裏過著日復一日簡單而又緊張的生活：每天「日出而起，日落而息」，勤奮地學習藏語文。用他的話說：「在白天的時間裏，除了喝茶外，其餘的均避而不談。」時間是一天天的過，他的藏文程度也是一點點地增長。不久，他可以用藏文寫作了，再過一段時間，他能用藏文自如地表達自己的思想。於是，又一個念頭在他的腦海中形成：用藏文寫一本批駁藏傳佛教觀點和宣傳基督教教理的書。他一直有這樣的幻想：使拉藏汗皈依基督教。

一七一七年一月，這本名爲《黎明驅散黑暗預示旭日東昇》的書呈現給了拉藏汗。拉藏汗特意於一月六

日舉行了一個獻書儀式，「莊嚴地接受了這本書」。在書中，德西德里指出：基督教和藏傳佛教在戒律及規勸人們應該做些什麼而不能做些什麼等方面的差異是很小的，兩者的差別主要表現在宗教原理、格言和教義上。拉藏汗耐心而饒有興趣地翻閱著，基督教信奉上帝，否定靈魂輪迴轉世之說令他大惑不解。於是拉藏汗向德西德里提出一個建議，讓他用基督教的教義和喇嘛們進行公開的辯論，這樣就可以比較誰好誰劣。爲此，拉藏汗還頒令：「准許德西德里進入其選擇的任何寺院和經院；給予他所需的任何書籍；法師和格西要給他講解他所遇到的困難段落。」這樣，德西德里又獲得了「一個沒有先例」的機會，可以深入到藏傳佛教的奧秘之中，探尋他們眞正的內心世界了。他帶著滿腔的熱情於三月二十五日開始到小昭寺鑽研佛經。他讀甘珠爾經，作詳細的摘記，和喇嘛們進行辯論。八月初，他又轉到了色拉寺，他學藏傳佛教的雄辯術，出席寺院舉行的辯論大會，請活佛講解深奧的內容，不斷積累力量。據說，有很多老師和高僧活佛都不懂的內容，他經過反覆研究後，終於弄懂了。挑戰的時機到了，他再次著書立說，要揭露藏傳佛教的「錯誤」，宣揚基督教的「眞理」。

誰知拉薩城遭到了蒙古準噶爾部的襲擊，拉藏汗也因此命喪黃泉。德西德里發現色拉寺不是他的安全藏身之處，便於一七一七年十二底，來到了離拉薩有幾天路程的塔布地區的宗納，享受了騷亂的拉薩所沒有的寧靜。在這裏他完成了用藏傳佛教傳統的「藻飾文體」揭露藏傳佛教的三卷本著作。第一卷著重批駁藏傳佛教的靈魂輪迴轉世說；第二卷是反對空性論；第三卷則是用對話的形式解釋了基督教的教義。這本大部頭的著作是《白人喇嘛依波利托質詢西藏學者有關前世和空性觀》，其手稿還好好地保存在羅馬耶穌會檔案裏。

六年的時間使德西德里的腦子裏裝滿了關於西藏的故事。他的四卷本的《西藏記事》對西藏各方面情況瞭解之廣、之深，使西方後來的許多學者大爲讚歎。他不作主觀的臆斷和誇大，而且對藏傳佛教瞭解如此之銳利，「即使在以後的兩個世紀之中，歐洲也只有極少數的學者能做到」，義大利學者伯戴克如是說。在後來的西方學者眼中，德西德里是訪問過西藏的人中最輝煌的一個旅行家，也是他們之中最傑出和最有知識的人，因而也贏得了西方早期最傑出的藏學家冠譽。

這確確實實不是過譽。他是第一個詳細描述達賴喇嘛轉世情況，包括尋找靈童、挑選、審核過程的西方人，並且指出了在他之前的西方人對西藏問題的錯誤記述：例如他指出《歷史詞典（西藏）》（路易治・摩勒裏神父著）中對藏族承認上帝和三位一體，認爲達賴喇嘛和上帝是同一的觀點是絕對錯誤的，「只不過是富有想像力的虛構事物」。至於有些人從藏族的衣、帽上常出現十字架的圖案而得出藏族崇拜十字架的結論，德西德里更是付之一笑，認爲這只是織物的圖案，和十字架的崇拜毫無關係。

關於他和藏傳佛教的故事還將出現在後面的敘述中，那時，你也會驚訝地發現，他確實是個名副其實的「西藏通」。

幸運的德西德里沒想到羅馬教廷早就把西藏教區判歸了同是義大利的卡普清修會。當卡普清修會傳教團的神父把正式的教令拿給沮喪的耶穌會士過目時，他才意識到，他的努力幾乎都付之東流了。一七二一年四月二十五日，德西德里懷揣著他的三卷本著作，甚感失望地離開了拉薩。

一七二八年返回羅馬後，他精心準備了三份申訴狀，「起訴」卡普清修會，訴說自己再返西藏的强烈願望。在漫長的四年以後，他才等到了傳信部的判決，西藏教區還是判給了義大利卡普清修會。裁決的宣佈給予他致命的打擊，重返西藏傳教的幻想完全破滅了。此後不久的一七三三年四月十四日，他仙逝了，親自到上帝面前訴說羅馬傳信部的不公去了。

早期的藏傳佛教僧侶們可以欣慰地說：我們保持了這塊土地的純潔性，「異教徒」最終沒能在這裏站穩腳跟，帶著無限的遺憾和懊喪返回了他們的故土。給西方世界留下的，同樣也是這塊土地難以進入的消息和斷言。可是現在的藏傳佛教人士們也許應該感謝「異教徒」的到來，以及他們爲此付出的一切。因爲當基督的信使來到雪域傳佈基督福音的同時，他們也擔負起了介紹藏族語言、文化和宗教狀況的任務。曾記否，他們以極大的熱忱，付出了百倍於他人的努力，在雪域傳教授法；曾記否，他們慢慢拋棄了對雪域道聽途說的見聞，成爲西方世界第一批介紹西藏，特別是藏傳佛教的歷史見證人。儘管他們的介紹帶有濃厚的基督教色彩偏見，但他們確實掀開了藏傳佛教神秘面紗的一角。我們不應忘記，西方世界對藏傳佛教與日俱增的興趣，凝聚著他們諸多的心血和汗水，在藏傳佛教西傳的歷史豐碑上，應永遠鐫刻著他們的名字。

古老的誘惑

西藏除了是一種地理現實之外，還是一種思想造物。

藏傳佛教早已融入高原人民的生活之中，成爲他們生命中不可分割的組成部分。而對西方的芸芸衆生來說，它好像是一個永難解開的謎，可望而不可及的「星際」。藏傳佛教到底是什麼？它和日本、泰國、韓國的佛教有什麼不同？它是從什麼時候開始存在的？它能給西方帶來什麼樣的影響？面對這一切，一般的西方人只能聳聳肩、搖搖頭，道聲抱歉，說聲我不知道。而西方的學者們可不能像他們那樣，也是擺擺手，推說時間有限或者不願涉足，用不是理由的理由來搪塞他們的無知。他們應該也必須擔當起介紹藏傳佛教的任務。可喜的是，從十七、十八世紀開始，便有西方人涉足於此了。直到今天，和藏傳佛教在西方的迅速傳播一樣，藏傳佛教的研究也是如日中天，蒸蒸日上。也正是由於西方研究者們的推進，藏傳佛教揭開了她神秘的面紗，日益清晰地展現在西方人士的面前。

知己知彼

最早擔當起這個任務的，是基督的信使們。他們遠涉重洋，翻越喜馬拉雅山，登上雪域聖地的唯一目的，就是傳播基督的福音，拯救苦難的人們。古語說得好，知己知彼，才能百戰百勝。於是他們勇敢地啃起了藏傳佛教，在他們的遊記、報告中介紹了藏傳佛教的情況。如安奪德、白乃心，他們或對此嗤之以鼻，或爲之大惑不解，向西方人描述著道聽途說的、耳聞目睹的和他們心目中的藏傳佛教。

不過，眞正說得上對藏傳佛教有些研究的，則首推耶穌會士德西德里和卡普清修會傳教士弗朗西斯科・奧拉濟奧神父。因爲他們深入到了藏傳佛教典籍之中，並把藏傳佛教典籍介紹給了西方。

德西德里，大家是比較熟悉的。在《西藏紀事》一書中，第三卷就是專門記述藏傳佛教的原理、教義、宗教慶典和儀軌、派系、寺院組織、活佛轉世制度、最高領袖，以及對藏傳佛教的批評等等，幾乎囊括了藏傳佛教的方方面面。在第一卷裏，則專門介紹了藏文大藏經丹珠爾或甘珠爾的大概情況。伍昆明先生就認爲，德西德里「是現有文字記載中第一個全面和深刻瞭解與介紹藏傳佛教的西方人，……也是西方第一個如此全面、系統、詳細和具體地介紹藏傳佛教知識給西方的人」。值得一提的是，德西德里還翻譯了藏傳佛教格魯派創始人宗喀巴的名著《菩提道次第廣論》，可惜已經佚失了。

幾乎就在德西德里抵達拉薩的同時，弗朗西斯科・奥拉濟奥神父也出現在拉薩的街頭。他是作爲卡普清修會第二階段的傳教士進入拉薩的。如果我們翻開卡普清修會在西藏的傳教史，我們不得不爲他們的熱忱和執著所感動。在十八世紀前期的大部分時間裏（一七〇七—一七一二年爲第一階段；一七一四—一七三三年爲第二階段；一七四一—一七四五年爲第三階段），他們都有人派駐在拉薩，擔負起傳播基督福音的使命。而富有語言天才的奥拉濟奥神父則理所當然地成爲鑽研藏語文、藏傳佛教的最佳人選。

弗朗西斯科・奥拉濟奥神父，一六八〇年出生在義大利的本納畢里，他和另外兩個卡普清修會的教友於一七一六年十月一日到達了拉薩。這是卡普清修會第二次派員入藏，在拉薩留下了他們的輝煌成就。分配給奥拉濟奥的首要任務便是學習藏語文。

於是，一七一七年四月他到色拉寺學習藏文、佛經。色拉寺指派兩名學識淵博的喇嘛來教他，直到一七一八年一月。近九個月的學習，使奥拉濟奥神父對藏語文、藏傳佛教的一些原理、經典都有了一定的瞭解。後來，他又在一位高僧的指導下繼續學習了四年的藏文。這爲他翻譯藏傳佛教的典籍奠定了紮實的基礎。

奥拉濟奥在拉薩度過了三十三個年頭，把生命的後一半時間留給了西藏。他曾有過輝煌的戰績，在他的

諄諄誘導下，七世達賴喇嘛和康濟鼐竟然頒佈了准許傳教士自由傳教、藏族信仰自由的諭令。他在致力傳教的同時，也把藏傳佛教的典籍譯成義大利文，介紹給他西方的教友們：有宗喀巴的名著《菩提道次第廣論》，也有《佛本生記》、《皈依》，以及關於佛教戒律的《波羅提木叉經》（意思是「從解脫」、「隨意解脫」）。

一七三八年，奧拉濟奧在給羅馬教廷傳信部請求援助的報告中，用近一半的篇幅，分三十五個專題論述了藏傳佛教各方面的具體情況。既有輪迴轉世學說、僧侶等級制度、活佛轉世的認定、神廟、達賴喇嘛的培養等方面的介紹，也有關於藏傳佛教佛經、齋戒、靜修、護法神的神諭、宗教徒治病、處理屍體等方面的詳細情況。

基督教傳教士們的副產品，給予了西方人第一次瞭解藏傳佛教的機會，也吸引了一位立志尋找其母語淵源的有爲青年，他最終當之無愧地成爲西方藏學的開山鼻祖之一。他有一個永垂史冊的名字：喬瑪。

西方的「西藏人」

也許是喬瑪太執著於他的藏學研究了，當一位西方的探險家於一八三〇年在西藏阿里的卡諾姆寺見到喬瑪時，他爲我們勾勒了一幅喬瑪「生動而不太寬容」的形象，「年近四旬的小矮個，相貌相當醜陋，額頭緊皺，眼睛很長，並向太陽穴翻起，顴頰明顯地縮了進去。他的鼻子和嘴巴大而不端正，長長的鬍子已開始變花白了。他的服裝很奇特，戴有卡諾爾人的那種民族式帽子，身穿藍嗶嘰睡衣、粗白棉短褲、絲襪和皮底鞋」。那年，喬瑪已四十七歲，在西藏度過了整整八個年頭。

喬瑪是匈牙利的特蘭西瓦尼亞人。他愛好廣泛，在哥廷根大學學過醫學、神學、哲學和地理學。他同樣是一個富於語言才能的人，會五、六種語言，其中包括希伯萊語和拉丁語。他堅信匈牙利語和「西藏邊陲一個遊牧民族的語言」之間有著密切的聯系。於是，一八二〇年一月一日，他踏上了尋找其母語淵源的旅程。兩年之後的一天，在拉達克首府以西的一個山谷中，他遇到了一名英國冒險家威廉・摩爾克羅夫，從此改變了他的命運。

摩爾克羅夫看中了喬瑪的語言才能。於是，他向喬瑪長篇大論地講述了西藏，送給喬瑪一本《藏文字母》，並向他建議定居在拉達克，在那裏編寫一部藏英辭典。此時的喬瑪正因經費的缺乏而處境拮据，於是他爽快地答應了，並且抱著一個美麗的幻想：從藏文史料中搜集有關古匈牙利人的資料。摩爾克羅夫很快替喬瑪找到了一位藏文教師——格西桑結朋措。一八二三年六月二十日，喬瑪抵達羊拉寺，師從桑結朋措，開始了他的「山僧」生涯。

他們進行的是一項枯燥而艱難的事業。桑結朋措編藏文辭彙表，然後按藏傳佛教的傳統加以分類，喬瑪則借助藏文辭彙表進行初步的翻譯。他們找到了兩人的溝通語言：波斯語。這種困難逐漸克服了，但是另外的困難又來了：藏傳佛教的好多術語在西方哲學中沒有對等的概念，這令喬瑪大傷腦筋。在許多回的腦細胞衰亡之後，終於初顯戰果。他們彙集了四萬多個藏語單詞，並且進行了分類。在進行辭典編撰的同時，喬瑪也得以窺探到了藏傳佛教的寶典——藏文大藏經。

藏文大藏經，是藏傳佛教經律論的總集，由《甘珠爾》和《丹珠爾》兩部分組成。《甘珠爾》是釋迦牟尼語錄的藏譯文，也稱正藏，喬瑪則把它叫作藏傳佛教的《聖經》；《丹珠爾》是佛的弟子和後世的佛教學者對佛陀教義所作的論述和注疏，別名副藏，喬瑪視之爲藏傳佛教的百科全書，因爲這裏不僅涉及到佛教經論，還有歷史、語言、文學、藝術、天文曆算、醫藥、建築等各個領域的典籍。《甘珠爾》和《丹珠爾》就好比環繞西藏的兩大山脈，它們是保護藏傳佛教內部生活的神奇屏障。要瞭解西藏和他獨特的社會，必須接近和熟悉它們。喬瑪有幸成爲第一個接近藏文大藏經的西方人。

一八二四年十月，喬瑪離開了羊拉寺，一八二五—一八二六這兩年他則生活在列城地區的另一座寺院——普達克寺中。一八二七年他來到卡諾姆寺。在這裏，他一住就是三年，繼續在藏文大藏經中遨遊。因爲卡諾姆寺實在是個寧靜而富有的地方。

卡諾姆寺一無塵世的喧囂，它「非常神聖地位於一面海拔高達三千二百米的陡坡上，居高臨下地俯視著象泉河，江水從那裏的西藏高原咆哮奔騰而下，婉蜒在喜馬拉雅山區中」。「寺院的房屋低矮而又明快，屋頂鋪著閃亮的棕色蓋板。」「它們緊緊地靠在一起，依大山的草坡一層層地排列，完全如同一群牧場中的山羊，被懸在一種强烈的靜態之中，在天空那水晶般的平靜之中微微擺動的白楊和垂柳分隔開來」。

而卡諾姆寺更誘人的是擁有一整套在札什倫布寺刊印的特別珍貴的《甘珠爾》和《丹珠爾》。喬瑪經常是先到寺院和喇嘛們一起聽課，然後背負一兩卷《甘珠爾》或《丹珠爾》攀登陡峭的山崖回到自己的小石屋，日復一日地沈浸在學習修持之中，身外的世界已忘得一乾二淨。他一頭栽進藏文大藏經裏，埋頭用藏文寫作，從早到晚，除了喝酥油茶、吃糌粑之外，一刻不停地學習，直到一八三〇年一位探險家闖入他的小石屋，他才第一次用英語講話，滔滔不絕地聊起他這麼多年來的故事和取得的成就，並且一再地强調了藏文大藏經的重要性。看來，喬瑪向歐洲人揭示藏傳佛教的時機到了。

喬瑪和布恩・霍奇賴森幸運地相遇了。霍奇賴森是英國駐尼泊爾的外交代表，他有一個十分特殊的愛好：搜集佛教經卷，採購他凡能得到的所有宗教文獻，這些文獻中有梵文，也有藏文。霍奇賴森的梵文水平是無可挑剔的，但對藏文則是一竅不通，而此時的喬瑪恰恰在精研藏文佛典。

他們的認識是從通信開始的。在信中他們探討了藏文、《甘珠爾》、《丹珠爾》以及藏傳佛教和尼泊爾佛教之間的關係。一八二九年十二月三十日，喬瑪又致信霍奇賴森，告訴他正準備從事一項新的計劃——對《甘珠爾》和《丹珠爾》的內容作一次梗概性研究。霍奇賴森十分感興趣，並告訴喬瑪，他把他所搜集到的一套藏文大藏經的手稿放在印度加爾各答的亞洲學會博物館中了。喬瑪急於見到這一批文獻。於是，一八三一年四月的時候，他便成爲亞洲學會圖書館的助理館員，埋頭於藏文手稿，做著編訂目錄的工作。

不久，他的著作源源不斷地湧現了：一八三四年，他的巨作《藏英辭典初稿》由政府出資刊行，同時出版的還有他的《藏語語法》。在《孟加拉亞洲學會會刊》上，他不斷地撰寫文章，分析《甘珠爾》和《丹珠爾》，描述藏醫治療方法，闡述藏傳佛教的主要觀點……他甚至很有預見性地指出，對西方人最有吸引力的必定是藏傳佛教的坐禪修持。

在他的所有著作中，一八三七年發表的《對甘珠爾的分析和丹珠爾內容要略》一文在歐洲引起了巨大迴響，他奠定了西方以精研經文爲基礎的佛教學。在隨後的幾年間，好幾套藏文大藏經被寄到歐洲，在歐洲刮起了一股研究翻譯藏傳佛教典籍的旋風。

不過，喬瑪終生最大的遺憾是沒有親眼目睹一下拉薩城紅山上的布達拉宮。他爲此曾作出了兩次努力。一次在一八三六年，很快因經濟的拮据返回了加爾各答。一八四二年，在他五十八歲高齡的時候，他再次啓

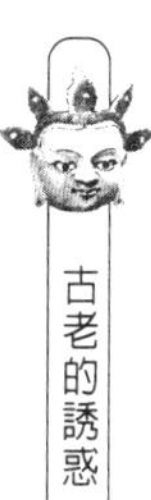

程向喜馬拉雅山區前進。瘧疫不幸地降臨在他的身上，還沒等喬瑪踏入西藏領界，他便撒手西歸了。臨終前，他不斷囈語的不是他終身奉獻的藏學事業，而是他年輕時的夢幻：關於他的母語和「西藏邊陲的一個遊牧民族的語言」之間的關係問題。

早期的研究者們

在喬瑪發表《對甘珠爾的分析和丹珠爾內容要略》的同年，舒密特（Isaak Jakob Schmidt, 一七七九—一八四七）也譯出了藏文《金剛般若波羅密多經》。他的資料來源於信仰藏傳佛教的卡爾梅克蒙古人。為了研究，他曾於一八〇四年至一八〇六年間進駐卡爾梅克蒙古人中間。他對藏傳佛教方面的收穫便是在一八三二年至一八三七年間，發表了四篇研究藏傳佛教經典的長文。一八四三年，他又把藏文的《賢愚經》譯成了德文。

喬瑪和舒密特的研究引起一些西方學者對藏傳佛教的關注，在西方掀起了一個研究藏傳佛教的小高潮。法國的富科（Philippe Édonard Foucaux, 一八一一—一八九四）於一八四七年出版了藏文《普曜經》原典，一八四八年又譯成了法文；德國的施夫耐（Franz Anton Von Schiefner, 一八一七—一八七九）也從藏文佛典中譯出許多故事，並且出版了多羅那他所著的《印度佛教史》和德文翻譯；俄國的華斯萊夫（V. P. Vasil'ev）則根據藏文的資料，於一八五七年出版了《佛教》一書。

十九世紀六十年代以後，西方藏傳佛教的研究突然停滯下來，大多數學者彷彿仍不知藏傳佛教為何物，而對此無動於衷。只有柔克義（W. W. Rockhill, 一八五四—一九一四）一人堅守著這塊寶地，辛勤耕耘，不斷翻譯藏文佛典。

柔克義在一八八八—一八九二年間赴西藏探險，一九〇五年又出任美國駐華大使。在華十五年間不斷研習漢、藏文，並致力於藏文佛典的翻譯工作，如《法集頌》、《佛傳》、《比丘尼戒本》等等，爲學術界獲取藏傳佛教方面的資料提供了很大的便利。

柔克義的心血到底沒有白費，二十世紀初始，又湧現出一批研究藏傳佛教的學者，如喬治・胡特（**George Huth**, 一八六七—一九〇六）、考迪爾（**Cordier**, 一八七一—一九一四）、勞費爾（**Berthold Laufer**, 一八七四—一九三四）、弗斯特里科夫（**Andrej Vostrikov**, 一九〇四—一九三七），他們或出版藏文大藏經目錄，或翻譯藏文佛典，或撰文著說，陳述己見，並關注著藏傳佛教的研究。其中值得一提的是勞費爾。

儘管勞費爾以自殺的方式結束了生命，但這並不影響他在西方學術界的聲譽。他長於藏族語言、宗教、歷史和文化方面的研究，爲西方的藏學研究提供了許多有益的借鑒，如藏語中的借詞、吐蕃的占卜問題、苯教的歷史文獻等，都是他較早研究過的，並產生過廣泛的影響。

勞費爾受過德國自然科學和考據學方面的訓練，曾幾次來中國探查，其間購得不少藏文典籍，如宗喀巴的《菩提道次第廣論》、乾隆版藏文大藏經等，後被美國國會圖書館購買收藏。在藏傳佛教研究方面，他有《蓮花生的歷史地位》、《米拉日巴》等譯著。

藏傳佛教研究的發展期

按照戴瓊（**J. W. de Jong**）的《歐美佛學研究簡史》一書的劃分，一九四三年到一九七三年屬歐美佛教研究的近期階段。這一時期，西方的藏傳佛教研究正是蓬勃發展的時機，不僅學者輩出，而且著譯紛呈。在此，我們只能簡要提及較爲著名的學者，不過從中肯定能感受到藏傳佛教研究的興盛。

德國的霍夫曼（Helmut Hoffmann）著有《西藏的宗教》（一九五六年），赫爾曼（Matthias Herinanns）著有《西藏的神魔與宗教》（一九五六年）；法國的戴密微（Paul Demiéville）有《拉薩法諍》（一九五二年，漢譯名《吐蕃僧諍記》），石泰安（R. A. tein）有《喇嘛教的追儺與靈魂的理論》（一九五七中）、《拔協》（一九六一年）、《喇嘛教中的面具》（一九五九年）、《西藏的文化》（一九六二年，漢譯名《西藏的文明》）；英國的黎吉生（Richarson）有《噶瑪派史料》（一九五八年）、《西藏文化史》（一九六八年，合著）；荷蘭的戴瓊有《米拉日巴傳》（一九五八年）；義大利的圖齊（G. Tucci）有《西藏畫卷》（一九四九年）、《曼陀羅的理論與實踐》（一九六九年）、《西藏和蒙古的宗教》（一九七三年，合著）；美國的韋曼譯有一世班禪克珠傑的著作《密宗啓蒙》（一九六八年，又譯《佛教怛特羅基礎》），古塞爾（Herbert V. Guenther）的《解脫寶鬘》（一九五九年）、《那羅巴的生平和教義》（一九六三年）、《西藏中道的秘寶》（一九六六年）、《怛特羅人生觀》（一九七二年）等。

不難看出，此時的藏傳佛教研究已更深入、更全面。不僅有藏文佛典、藏傳佛教高僧傳記的翻譯和藏傳佛教各派教義的介紹，還有西方學者本身對藏傳佛教的全面研究。藏傳佛教密宗（亦即怛特羅）的研究也開始受到重視。圖齊、施耐爾格羅夫（David Snellgrove）、麥克唐納夫人（Ariane Macdonald）等人紛紛涉足於此。

下面重點介紹的是國際藏學界的泰斗——義大利藏學家圖齊。他以其淵博的知識、精湛的論著雄視國際藏學界，是繼西方藏學研究的開山鼻祖喬瑪之後的又一座豐碑。

圖齊於一八九四年六月五日出生在義大利的瑪齊拉塔（Macerata）城。第一次世界大戰爆發後，他投筆從戎，在軍隊服役。戰爭結束後的一九一九年十月退役。從羅馬大學文學系畢業後，他一直在眾議院圖書館工作。一九二五年至一九三〇年間，他在印度的聖蒂尼科塔大學和加爾各答大學進修、工作，教授漢語和義大利語。

從一九二九年起到一九四八年，他先後八次赴西藏考察；從一九五〇年到一九五九年，他又在尼泊爾作了六次考察；一九五五年開始，他在巴基斯坦的斯瓦特（Swat）河谷地區進行考古發掘工作；一九五七年在阿富汗、一九五九年在伊朗，他也進行了相同的考古發掘工作。這一切爲他的東方學研究，尤其是藏學研究打下了堅實的基礎。

一九三三年，圖齊創建了義大利中東遠東研究院。從一九四七年到一九七八年，他一直是這所研究院的院長，此後開始任名譽院長。該院是世界上有名的幾大東方學研究中心之一。

從一九五〇年開始，圖齊又主持了《羅馬東方叢書》的編輯和發行工作。這套叢書的編輯發行，爲西方各國學者出版高質量的東方學論著提供了園地，從而也推動了東方學研究的發展。到一九八五年出版《紀念圖齊東方學文集》爲止，已出版了六十種圖書，有關藏學的著作爲三十四種，其中涉及藏傳佛教的有十一種（論文集不在內），著名的有《現觀莊嚴論》、《金剛般若波羅密多經》、《欽則〈衛藏聖蹟志〉譯注》、《法稱六十的〈量釋論〉》、《紅史》、《布敦活佛傳》等。

圖齊自己的著述也極爲宏富，其一生的著作共計三百六十餘種，內容涉及亞洲大多數地區的語言、歷

史、文學、宗教、考古、藝術、建築等各個領域，其中有關藏學研究的論著就有百餘種。而聞名於國際藏學界的專著（論文、論文集不在其內）就有：《印度——西藏》（一—四）、《西藏畫卷》、《曼陀羅的理論與實踐》、《吐蕃贊普的陵墓》、《西藏的宗教》、《西藏・雪域》、《超越喜馬拉雅的古代文明》、《西藏〈考古世界〉》（有漢譯本，即《西藏考古》）。

一九八四年四月五日，圖齊於蒂沃利去世，享年九十歲。至今，在國際藏學界中，還沒有人能夠取代他的領導地位。

走入顯學的行列

八、九〇年代，是藏學研究的繼續發展期，並且逐漸與敦煌學、蒙古學等並駕齊驅。藏學研究引起各國學者的廣泛關注，他們紛紛涉足於此，想在這最後一塊「處女地」上圓他們的學者夢。

確實，無論是美國、英國、德國、法國、義大利、俄羅斯、日本，還是挪威、瑞典、丹麥、捷克、奧地利、匈牙利、荷蘭、澳大利亞，各國都紛紛設立與藏學研究有關的系所、研究機構，出版系列叢書，關注著藏學研究的發展。

不過，藏學研究的發展在各國並不平衡，有的已出現了衰退的現象，如法國、英國、義大利，有的仍保持著强勁的勢頭，如德國、日本，而美國則是後來居上者，成爲藏學研究中的一塊主要陣地。

美國藏學研究的迅速崛起，固然摻雜著政治因素，但也與藏傳佛教高僧的大量湧入有著密切的關聯。他們的努力，爲美國培養了一批本土的藏學研究者，迅速成爲美國藏學研究的中堅力量，其中不乏藏傳佛教方面的研究者。比較著名的研究藏傳佛教的大學及主持人有：哥倫比亞大學的中東語言文化系，主持人爲韋曼教授（**Alex Wayman**），主要講授藏文選讀、藏傳佛教和密宗方面的理論。

印第安那大學的烏拉爾・阿爾泰研究系，主持人是希諾教授（**Denis Sinor**），該系設有藏學研究的博士班，進行爲期兩年的藏文文法、藏文原典選讀以及藏族文學、歷史、民俗和宗教方面的研究。該系集中了一批著名的學者，如比斯科夫（**Bischoff**）、克魯埃格（**J. K. Krueger**）、霍夫曼等，該系還出版烏拉爾阿爾泰叢書和東方學叢書。

西藏學會也是隸屬於該系的一個機構。它出版《西藏學會學報》、《西藏學會通訊》兩種刊物。

華盛頓大學的亞洲語言文學系，主持人爲威廉教授（**T. V. Wylie**）。此系設有藏族語言文學、藏傳佛教研究等課程，招收碩士和博士，教授陣容强大，有米勒（**R. A. Miller**）、威廉、魯埃格（**D. S. Ruegg**）等國際知名的藏學家，另有塞盧伊斯（**P. I. Serruys**）、蘇伽爾（**P. F. Sugar**）、波特（**Potter**）等一批從事藏學研究的學者。

加州大學柏克萊分校的亞洲研究組，設有碩士班，開設藏文、藏傳佛教等課程，主持人爲博森教授。

威斯康辛大學麥迪遜分校也有一個南亞研究系，設有藏傳佛教研究的碩士及博士班課程，主持人爲索巴格西。

維吉尼亞大學的宗教研究系，主持人爲傑弗里・霍普金斯，進行藏傳佛教一系列的教程。

麻塞諸塞州的阿默斯特學院設有佛學研究所，主持人爲羅伯特・**A. F.** 瑟曼，開設藏傳佛教及藏語文等方面的課程。

有人預言，二十一世紀將是藏學的天下，日益增加的西方藏學研究者，無疑爲西方普通人士接受藏傳佛教打開了一扇方便之門。

從雪山走下的僧侶們

我們能夠看見、聽見、感覺到仁波切想表達的東西。在佛法的教導中，這代表的就是一位得到覺悟的人，或他是一位最接近我們都希望達到的覺悟境界的人。

這是一位投入佛陀懷抱的英國著名女記者麥克基・維琪的「自白」。從這裏，你肯定能掂量出仁波切的感染力在藏傳佛教西傳活動中的份量。

確實，藏傳佛教在西方的弘揚，僅靠基督傳教士的推動、研究者們的深入、熱心者的提倡是遠遠不夠的。要想使西方人徹底瞭解一項他們知之甚少的純東方宗教，必須有精通該項宗教的精神導師們付出異乎尋常的努力。幸運的是，在西方的藏傳佛教舞臺上，正活躍著這樣一批主力軍：從雪山上走下的僧侶。

二十世紀初的藏傳佛教僧侶還沈浸在他們自己的精神樂園中，慶幸藏傳佛教「是沒有任何混雜物的最純潔宗教，寺院中純潔得如牛奶一般」，因此絕不允許任何西方人闖入他們的禁地，「即使是一個（外國人）也宛如在牛奶中滴進了一滴血，這樣的牛奶如果不被全部染紅，也會弄髒」。

時光如梭，半個世紀後的藏傳佛教僧侶已全然沒有了他們老前輩的「誓願」，反而走出國門，面向西方，以開拓他們新的領地。儘管西方的一切還都那麼陌生，儘管他們必須順應一個完全不同於西藏的社會、文化環境，儘管他們必須把藏傳佛教深奧的理論普通化，但他們並沒有退縮，他們想創造一個奇蹟，實現他們的祖師蓮花生大師的預言：當鐵鳥飛翔、馬車奔馳的時候，佛法將弘揚到紅皮膚人的土地上。因爲在他們看來，鐵鳥不就是飛機嗎？有輪的馬車不就是汽車嗎？而紅皮膚人肯定是指高鼻子綠眼睛的西方人。現在，一切俱備，只欠他們這個「東風」了。

於是他們出現在西方了。在美國的紐約、法國的巴黎、英國的倫敦……，他們很快適應了西方的環境，有時候讓西方人也覺得驚訝，這麼快！是呀，他們之中的一些人還了俗、娶了妻、生了子，可湧動在他們心頭的那個夢卻愈來愈強烈：把佛法帶給西方的眾生。神聖的使命一旦執行起來，便一發而不可收拾，他們蓋寺廟、建中心，到處奔波，宣揚教義，以他們實際的行動作出表率，終於以自己的感染力征服了一大批西方人。

走出國門的藏傳佛教僧侶很自然地分成了兩種情況：一種直接從事傳播事業；一種卻埋頭於佛學研究，只以間接的方式推動著藏傳佛教的發展。這是相輔相成的兩個群體，缺了哪一個，都沒有藏傳佛教在西方的今天。

溝通的橋梁

在西方的大多數藏傳佛教僧侶們選擇了直接傳播的方法，因爲這對他們來說駕輕就熟。祈禱、念經、做儀軌、演教義，這是沿續了幾百年的道路，他們就是這樣一步一個腳印地走過來的。

不過，他們面前的障礙也不少，西方普通人對藏傳佛教只有一鱗半爪的知識，有的甚至聽也沒聽說過，而他們之中的大多數人又不會西方文字，無法用西方的語言向西方人解釋藏傳佛教的教義，路在何方？

經過不懈的努力，如今的他們早已沒有了往昔的躑躅，因爲他們已找到了溝通的橋梁。

1.設立坐禪中心。這是影響力最大的一種方式，也是藏傳佛教高僧們最常用的一種方式。提供一個清靜的場所，用淺顯的教義、自身的坐禪實踐來吸引西方人，這是一個被實踐證明行得通的方法。大多數西方人不可能像他們一樣，從小接受這方面的熏陶，再經過一、二十年的學習達到他們如今的程度，這既不現實，也沒必要。那麼，對待西方人，最有效的是「實踐出眞知」，眼見爲實，確有作用，他們才會「就範」。坐禪中心便是適應西方環境的產物。

2.建立寺院。這是沿襲傳統的作法。寺院的式樣完全按照西藏寺院建築模式。在這裏，一切都較爲正

規，不僅有誦經、祈禱等最常見的內容，還定期舉行宗教儀軌，嚴格按照各派教義進行各方面的訓練。嚴格意義上說，西方這樣的藏傳佛教信徒並不多。

3.創建學院。這是兼有修習和研究性質的一種方式。這在美國很明顯，如佛學研究學院（格魯派）、寧瑪佛學院、納羅巴佛學院（噶舉派）等等。學院裏設有時間長短不一的培訓班，供不同愛好的人挑選。既有短的週末班、暑期班、十天班等，也有長達三年、四年，甚至十年的研修班。這十年學完，就可以獲得藏傳佛教的格西學位了。

4.創設出版社。出版社是宣傳的喉舌，在藏傳佛教的傳播事業中佔有重要的地位。如香巴拉出版社、佛法出版社（亦稱達磨出版社）等，不僅出版他們創辦人的所有著作，而且也有組織、有目的地翻譯出版一系列弘揚藏傳佛教、藏族文化方面的書籍。西方人受書的影響而對藏傳佛教發生興趣、產生試一試念頭的人爲數不少。

5.辦雜誌、會刊、通訊。這些一般是介紹佛教教義、報導各個佛教團體的活動、聯絡事宜等，雜誌如《明鏡》、《格薩爾》、《達爾馬》等，會刊如《艾瓦斯》、《薩迦寺動態》等，能產生聯絡信徒感情的作用。

上述五種方式並不是孤立地發生作用，多數仁波切加以充分利用，如仲巴活佛、塔通活佛等，把五種方法都用上了。其實，諸多的寺院、學院、坐禪中心在傳播藏傳佛教的同時，也把藏族文化、藝術等介紹給了西方人。英國噶舉派桑耶林西藏中心的宗旨便具有典型的代表性。

阿貢喇嘛在創建桑耶林西藏中心的同時，就開宗明義地提出了中心所承擔的四項任務：（一）爲各種信仰的人提供一個清靜的場所，以便他們進行靜修。（二）在高僧名師的指導下，嚴格按照噶舉派教義進行佛法和金剛乘方面的訓練。（三）藉由搜集圖書、文獻、工藝品等來保存藏族豐富的宗教、建築和醫藥等文化遺產。（四）促進東西方文化、哲學、宗教和醫藥方面的交流，培養人們的慈愛之心，達到身心健康的目的。

這一切都已不是夢，他們以自己的表率贏得了西方人的心。

在他們熱心傳播的同時，曾是他們之中一員的部分上師卻選擇了研究者的道路。如南喀諾布、噶爾美、察雅活佛、邦龍活佛……他們都在歐洲。美國的藏傳佛教高僧如格西旺傑、吉達・達欽薩迦、德雄仁波切都是一面在大學教書，一面收授門徒。這些人也很快在國際藏學界站穩了腳跟，或多或少在他們所在的各國推動著藏學事業的發展。

傳播藏族文化的使者

義大利籍藏人南喀諾布，因其對藏傳佛教和苯教的大圓滿理論研究的傑出貢獻，而享譽國際藏學界。而大圓滿文化協會和象雄學院的創辦，更加提高了他的知名度，使他在西方的藏傳佛教圈中幾乎無人不知、無人不曉。在西方，南喀諾布是一個傳播藏族文化的辛勤使者。在這裏我們先簡單介紹一下他的生平，再著重談談他的象雄學院。

南喀諾布一九三八年出生在西康省（今四川省甘孜藏族自治州）德格縣龔埡小頭人俄窮的家中。八歲時在更慶寺出家。九歲那年，一頂「桂冠」幸運地戴在了他的頭上：噶舉派教主嘎瑪巴和斯德活佛經過一系列的尋訪、認定手續後，宣佈南喀諾布為德格呷倫寺（隸屬寧瑪派）洛登翁布活佛的轉世靈童，並為其取名卻基活佛。從此，少年卻基活佛便在東部藏區各個寧瑪派寺院輾轉求學，深得寧瑪教義精髓，同時對其他藏傳

佛教各派的教義也了如指掌。

一九五四年應成都民族學院之邀，年僅十七歲的南喀諾布赴學院教授藏文。四年後，他們全家遷居拉薩，南喀諾布又入三大寺學經一年。二十歲到錫金，在錫金政府發展局負責公共教育兩年。一九六〇年由國際著名藏學家圖齊教授引薦，南喀諾布到義大利的羅馬中東遠東學院工作，從此開始了他在西方的學術生涯。

一九六四年，南喀諾布受聘於義大利那不勒斯東方大學。該校的文學和哲學學院的亞洲研究系有個藏蒙文化組，南喀諾布即爲這個組的學生教授藏文、藏族文化、藏醫和藏族宗教等課程。一般來說，這個組有二十至五十人學藏文，也有少量的選修學生；該組只有本科，沒有博士班。一九九四年，在此執教整三十年的南喀諾布教授退休，之後很少再去學校。

一九八三年，南喀諾布在希尼基金會的資助下，在威尼斯舉辦了第一屆國際藏醫大會，在國際社會上影響頗大。

在南喀諾布的積極倡導下，一個非政府組織亞洲團結和發展協會（A.S.I.A）建立了，南喀諾布任主席。該組織的主要任務是爲援藏專案籌集資金，用以辦學校、建醫院等，目前已經在大陸的西藏昌都、青海海南等地投資辦學校和醫院等。資金的來源既有大圓滿協會成員的捐贈，也有其他方面的贈送。

南喀諾布本人則精通藏、蒙古、義、英等文種，主要從事藏族宗教、歷史方面的研究，尤其對寧瑪派、苯教的大圓滿理論有很深的造詣。他的主要著作有《藏族歷史珍珠串》、《藏族古代文化寶鬘》、《藏北民俗》（以上都是藏文）、《大圓滿與禪》（英文）等，四川民族出版社、中國藏學出版社已出版了他的藏文著作和文集。

一九九〇年五月底六月初，在義大利的格若賽多省阿其多索市，南喀諾布創立了「象雄國際研究學院」。據公開的聲明，象雄國際研究學院的宗旨是爲了弘揚西藏傳統、歷史和文化。

象雄國際研究學院的前身就是大圓滿文化協會。自從南喀諾布在那不勒斯東方大學任教以來，他就一直從事大圓滿的修習和研究工作。不久，在他的身邊便聚集了一批對大圓滿及整個藏族宗教文化有濃厚興趣的人。以此爲基礎，在七〇年代末，南喀諾布創立了「大圓滿文化協會」這個民間團體、會址便在我們上面所提到的阿其多索市。南喀諾布在該市購買了一塊山地，從此這塊山地便有了一個美麗的藏族名字——麥日噶爾（**me-ri-sgar**）。麥日是藏族苯教中產生於象雄的一個古老神祇及其修鍊系統的名字，噶爾則有寺院、宿營地、基地之義，西方文獻中一般寫作**Merigar**。

很快，麥日噶爾成爲阿其多索市家喻戶曉的名字，而大圓滿文化協會也隨著南喀諾布教授日益隆盛的聲望而迅速發展。人們對大圓滿的興趣愈來愈濃厚，大圓滿文化協會的成員也愈來愈多，到一九九三年止，僅登記入會的成員就有四千多人。協會的成員不限於義大利，而是來自全世界四十多個國家；而且成員的身份也十分複雜，既有大學教授、工程師、政府工作人員、導演、演員、富商大賈，也有農民、無業人員。

象雄國際研究學院便是爲了適應大圓滿文化協會日益擴大的事業而成立的。此後又陸續成立了象雄出版社、《鏡報》、亞洲團結和發展協會等機構。南喀諾布教授和他的夥伴們利用這些機構籌辦各類藏族文化講習班，舉辦國際性的藏學討論會，出版藏族文化書籍，以促進藏族文化及其研究的發展。象雄出版社已用藏文、英文、義大利文編輯出版了幾百本有關研究或介紹藏族文化的書籍。而《鏡報》則是一個國際性的英文報紙，主要宗旨是傳播藏族文化，向世界各地的大圓滿文化協會成員通報麥日噶爾的情況。

象雄學院會員的研究力量很强。且不說散居美、英、法、德等國的會員在他們各自的國度翻譯和撰寫了大量的藏學著作，就拿義大利來說，頗有幾位年輕有爲的學者。艾哥瑞，畢業於那不勒斯大學藏蒙文化系藏文組，精通英、義、法、藏四種語言，現任象雄國際研究學院的秘書長，在早期苯教文獻研究方面有獨到的見解；阿德瑞亞諾，從事英語教學，精通義、英、藏三種文字，擅長藏文古代文獻，對大圓滿文獻有很深的研究，南喀諾布教授的許多藏文著作便是由阿德瑞亞諾譯成義、英文出版的；多娜泰拉小姐，精通義、英、法、漢文，懂藏文，從事大圓滿文獻研究；佳高麥拉女士，精通義、英、法文，會藏文和梵文，從事藏文大藏經目錄的研究。

象雄國際研究學院的藏書一如它的成員那樣豐富。不僅收藏有西方文字（主要是英、義文）出版的藏學專著、藏文文獻的譯本和中國近年出版的幾乎所有藏文圖書以及印度、不丹出版的藏文著作，而且還有兩套不同版本的苯教《大藏經》。最獨具特色的是有關大圓滿的藏文文獻應有盡有，堪稱世界上有關大圓滿文獻最全的圖書館。象雄國際研究學院已成爲國際藏學研究的主要中心之一。

下面介紹的是兩位德籍藏族學者邦龍活佛和察雅活佛。

邦龍活佛系統是雲南最大的藏傳佛教寺院松贊林寺的主要活佛系統之一。已入德籍的邦龍活佛是其第四世，法名强巴洛桑，一九三九年出生在四川巴塘。七歲入寺，九歲到拉薩色拉寺學法，年僅十八歲就獲得了拉然巴格西學位。

一九六〇年，他應邀到德國的巴州科學院中亞研究委員會從事古藏文字典的編撰計劃。研究期間，於一九七二年在慕尼黑大學獲得碩士學位，一九七九年又在該大學獲得博士學位。

邦龍活佛所從事的古藏文字典計劃，是巴州科學院中亞研究委員會的主要任務，該會計劃編寫一部收字十五萬餘條的《古代藏語字源字典》。藏文文獻對於佛教研究的作用來說，自不待言，因此用現代科學方法編纂這樣一部古藏文字源字典就顯得十分迫切，而邦龍活佛便是編纂這部大字典的骨幹力量。

察雅活佛則是德國波恩大學中亞研究所的研究人員。察雅・洛桑喜饒一九三九年八月出生在四川康定縣沙德區瓦澤鄉。一歲時曾被選定爲沙德區古瓦寺的轉世活佛，六歲的時候又被西藏昌都地區察雅縣格魯派寺院——麻根喇嘛寺確認爲察雅香根活佛的轉世靈童，從此便入麻根寺跟隨經師學習經文。一九五三年赴拉薩哲蚌寺深造，獲格西學位。

一九五九年到印度後，一待就是八年，其間刻苦自修英、德文，於是有一九六六年西德之行，一九七九年加入德籍。

察雅活佛在波恩大學的中亞研究所主要從事藏族文化藝術研究。編有藏英德文詞典，撰有《西藏佛教藝術》（謝繼勝譯，西藏人民出版社出版）等著作。

察雅活佛曾幾次回國探親，考察藏族文化藝術。

教義的承諾

說到這兒，我們似乎有必要對藏傳佛教各派的情況作一簡單的介紹，因爲下面便開始分派介紹藏傳佛教在歐美的情況了。不過藏傳佛教各派的教義絕不是三言兩語能說清的，我們所側重介紹的，是與傳播有密切關係的各派修行方法。

現存的藏傳佛教主要有四個派別：格魯派、薩迦派、噶舉派、寧瑪派。各派修行方法不一，都有自己的絕活：格魯派修「止觀雙運」，噶舉派修「大手印」，薩迦派修「道果法」，寧瑪派則修「大圓滿法」。雖說各派修行方法有異，但萬變不離其宗，他們最主要的是都强調禪修、心觀，這也是最吸引西方人的地方。

在傳播各派修行的同時，他們也注意了與西方社會環境的適應問題。在基督教文化氛圍中，照搬原有的教法與適應西方社會環境的優劣一看便知，藏傳佛教高僧們也自有解決的高招。

格魯派是藏傳佛教各派中勢力最大的一派。創始人是宗喀巴・洛桑扎巴（一三五七—一四一九年），一四〇九年，宗喀巴在拉薩大貴族仁青倫布父子的資助下建立了甘丹寺，正式創立格魯派。在他和幾個弟子努力下，格魯派在藏區很快傳播開來。格魯派嚴禁僧人娶妻，也不准僧人參加生產活動。它的寺院組織嚴密，學經制度健全，規定顯密並重，先顯後密，注重戒、定、慧三學並習的學經程序。格魯派在理論上承襲中觀應成派，倡導「緣起自性空」，修行上採取「止觀雙運」的修行方法，修行前先受灌頂，然後按照四續部的先後次序修習。

所謂「止觀雙運」是「止」、「觀」並修的方法。「止」即指「止住修」，是爲修心，思想處於靜止狀態。只要把自己的思想專注於一境，別的什麼都不思慮，就是「止住修」。而「觀」是指「觀察修」。觀察修是對事物作觀察思維，這是指心的動的狀態而言。

格魯派認爲，「止住修」和「觀察修」就像鳥的雙翅一樣，缺一不可，應該兼修而不能偏廢。止和觀相互配合，由止到觀，由觀到止，這樣才能控制思想的動靜。

薩迦派則因「薩迦寺」而得名。創始人是昆・貢卻嘉波（一〇三四—一一〇二年）。一〇七三年他在後藏的仲曲河谷創建了薩迦寺，從此，以薩迦寺為根本道場形成了薩迦派。薩迦派顯宗方面有兩個傳承，一個倡導唯識見，傳授法相學；一個主張諸法性空，傳教中觀應成學說。密宗方面則有俄爾、貢噶、察爾三個支派，主要傳授「道果」教法，這是薩迦派最獨特的教義。

「道果法」認為，修習佛法有三個層次，即「最初捨非福，中斷於我執，後除一切見，知此為智者」。第一個層次是捨去「非福」。非福就是「惡業」、做壞事。人應該首先把「非福」捨去，而專心於行善做好事，這樣來生就可以投生在「天」、「阿修羅」、「人」三善趣之中了。第二層次是斷滅「我執」。「我執」，通俗地講就是人老是牽掛於某一件有形無形的事物之上。應該把一切有形或無形的事物從思想上斷除，這就是斷滅我執了。「我執」一斷滅，煩惱苦痛便無從生起，人也就從流轉輪迴的痛苦中解脫出來。第三層次便是除去「一切見」。這裏一切見指「斷見」和「常見」，斷見是指片面解釋「宇宙萬物皆非實有」，而「常見」則是指一般人的見解。我們要做的是在斷除「我執」之後，要防止「斷見」、「常見」，走中道，這樣才能達到智者的境界。

寧瑪派是藏傳佛教各派中歷史最久遠的一派，可追溯到前弘期到西藏傳教的印度高僧蓮花生大師，以修習密法為主。它的實際創始人是「三素爾」（指素爾家族的三個人），正式形成於十一世紀。

寧瑪派組織渙散，教徒分佈各地，教法內容也不盡相同。大致說來，寧瑪派的僧徒可以分兩大類：第一類叫阿巴，專靠念經念咒在社會上活動，不注重學習佛經，也談不上有什麼佛教理論。第二類人有經典，也有師徒或父子間傳授。

寧瑪派的主要教義是「九乘」和大圓滿法，這也是吸引西方世界的主要內容。大圓滿法主張人的心體就

其本質是純淨而「遠離塵垢」的，因此修習的關鍵就是如何把這個遠離塵垢的心體把握好。寧瑪派認爲要把握好自己的心體，就應該採取聽其自然的做法，讓心隨意而住。如果眞能夠做到在「空虛明淨」中把心安住於一境，那麼大圓滿法也就修習成果了。

噶舉派最大的特點就是支派繁多。最初的時候有兩大傳承：一個是香巴噶舉系統，創始人是瓊波南交巴；一個是塔布噶舉系統，創始人是塔布拉傑，但淵源卻可以追溯到瑪爾巴、米拉日巴師徒。在塔布噶舉裏又分出四個大支系：帕竹噶舉、蔡巴噶舉、拔絨噶舉、噶瑪噶舉。從帕竹噶舉裏又分出八個小支系，因此塔布噶舉素有「四大八小」的說法。

噶舉派重密宗，採取口耳相傳的傳授方法。因此，噶舉派注重修身，主要修的是大手印法。大手印也有顯密之分。顯教修的是空性大手印，它要求修行者心住一境，不分別善惡美醜，以得禪定。然後尋找觀察住境之心是在身內還是在身外，當發現各處都尋不見心時，修習者就會明白這顆心並不是一個實有的東西，也就在這一本非實有的心上專一而住了。密宗大手印則以空樂雙運爲道，分實住大手印、空樂大手印和光明大手印等。大手印修身的方法有四種，最主要的目的是通過對人體呼吸、脈、明點（心）的修鍊，而達到一種最高境界。

無論是哪一派的藏傳佛教高僧，在西方致力傳播事業時，都會面臨一個最現實的問題：西方的芸芸衆生對藏傳佛教的知識實在不令人樂觀，那麼用什麼最簡捷的方法吸引西方人呢？

在高僧的眼裏，他們來到了一個「墮落」的世界：充滿暴力、混亂、噪音、污染的社會大熔爐，看到西方人疲憊的身軀、行色匆匆的身影、迷惘的眼睛……。那麼，還能有什麼更好的方法比得過他們用禪修、冥

想、靜坐向西方人宣講呢？靜坐能使世人解脫痛苦，復歸寧靜、幸福，冥想則使世人認識自己的能量，禪修則可讓世人用智慧運用人的能量，超越周圍環境順逆的變遷，不被苦樂所困擾。在西方人眼前，展開了又一個新的精神世界。

當然，有時候他們也吸收西方的東西，以進一步吸引西方人，用西方的催眠術使人入禪定，在使用圖像方面也沾染了西方繪畫的色彩。對要求學密宗（教）的人，也不再嚴格挑選、採用秘密單傳的方式，這一切都加速了西方接受藏傳佛教的進程。

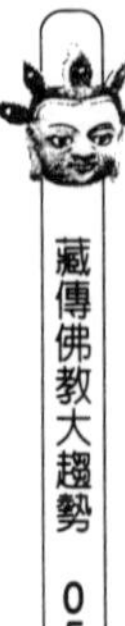

回報

當鐵鳥飛翔、馬車奔馳的時候，藏人會散佈到世界的每一個角落，佛法將弘揚到紅皮膚人的大地上。

八世紀時，蓮花生大師作出了上述的預言。我們除了驚歎他預言的準確性外，更爲藏傳佛教在歐美的發展而歡欣鼓舞。用遍地開花這個詞來形容藏傳佛教的戰果，那是再恰當不過的了。

統計的資料確實令人鼓舞。八〇年代初有一個不完全統計，歐美各國的藏傳佛教寺院、坐禪中心、佛學院等的分佈是這樣：美國五十餘座、瑞士三座、希臘二座、義大利一座、奧地利二座、西德四座、法國十三座、比利時六座、挪威一座、瑞典一座、芬蘭一座，另有佛學會、學院、中心近三十個。而到八〇年代末，法國的藏傳佛教已擁有了四十來個坐禪中心，一萬多名信徒，這種速度是驚人的。這方面的證據還有，僅噶魯活佛一人，就在歐美創辦了近七十座坐禪中心。

就連西方國家的政府也確實感受到了藏傳佛教愈來愈壯大的聲勢。一九八八年，法國政府第一次承認了，在法國已有十五年歷史的藏傳佛教噶舉派教徒享有宗教團體的地位。要知道，這一地位來之不易，過去只有天主教徒才享有這種地位，而這一合法宗教地位的獲得，給藏傳佛教噶舉派教徒帶來了財政方面的好處，從此以後，他們可以不需要交納任何稅了。

藏傳佛教的弟子們也不再只有頹廢青年等下三流的角色，而是三教九流、各色人物都有。其中有大學教授、律師、心理醫生、新聞記者、導演、演員，甚至有搖滾歌星、無業遊民。可以說，所有職業的人都有投到藏傳佛教這個精神王國裏的，因爲在這裏，他們找到了免除痛苦、進行更好生活的「良方」。

下面是一個個活生生的例證，從中便能感受到藏傳佛教撲面而來的熱浪。

美國

一九五九年以前，在美國是很少能看到藏族僧侶的，只有在大學校園裏能見到爲數不多的教授藏語文、藏傳佛教和藏族文化等課程的喇嘛。一九五九年，一批藏族人到印度。美國以「人權」之義，接納受到中國迫害的西藏人民，於是西藏喇嘛才稍有增加。此後，陸續有喇嘛前往美國。到九〇年代，藏傳佛教在美國已如日中天，在整個西方世界中獨佔鰲頭。藏傳佛教各派紛紛在美國找到了自己的門徒，傳播教義、習功修禪，形成欣欣向榮的局面。各派都在美國設有寺廟或坐禪中心，坐禪中心都有「主持」人，他們之中一些已結婚，不再過寺院生活，美國人仍尊稱他們爲「仁波切」。一般的坐禪中心比較小，成員也不是很多，但有些坐禪中心則發展很快，「幾乎每天都有新的人物參加進來」。在美國最有影響力的仁波切是曲陽・仲巴（後面有專章介紹）、塔通・土庫兩人。在此，我們分派介紹藏傳佛教在美國發展的情況。

格魯派

格魯派是最先進入美國的。一九五八年設立的美國喇嘛教寺院，便是美國第一座藏傳佛教寺院。它是由格魯派在美國的開山鼻祖格西旺傑創立的。格西旺傑儘管是卡爾梅克蒙古人，但因爲他是美國格魯派的奠基人，我們應該多付出一些筆墨，看一看他簡短而不平凡的人生。

旺傑格西是二十世紀的同齡人，一九〇一年出生在一個卡爾梅克蒙古人家裏。他大哥是當地寺院的住持，因此他從小就耳濡目染了佛法，佛法早就在他心中生了根。四歲的時候便要求入寺學習佛法，可直到七歲他才如願以償。

十歲的時候，他遇到了他的同鄉十三世達賴喇嘛的經師——德爾智喇嘛，而且成了德爾智喇嘛的弟子。

由於這層關係，他得以到西藏——藏傳佛教的發源地去學眞正的佛法。這次機遇決定了他以後的生涯。

他如饑似渴地在藏傳佛教經典中遨遊，熟背經、律、論三藏。從一九一六年起，又開始踏上了攻讀格西學位的征程。一九二〇年，他受了具足戒，又隨他的上師德爾智到俄國及蒙古各地去朝聖。

從一九二一年到一九三五年的十四年歲月中，旺傑是在拉薩的哲蚌寺度過的，他終日背誦佛典、修習禪定，眼看就要完成他的佛學課程了，可惜申請格西學位的錢還沒有著落，捉襟見肘的日子使他萌發了出去賺錢的念頭。於是，一九三五年他告別哲蚌寺前往北京以尋求他的夢。赴京途中，他路過五台山，又給他的人生創造了一個轉捩點。五台山的住持很佩服他的學問，向旺傑作了一番供養之後，有心介紹旺傑到北京找一位他所熟識的法國領事。不久，旺傑果眞順利地找到了這位法國領事，並且做了他的家庭教師，教他藏文和蒙文。就這樣，旺傑首次接觸到了西方人和英語，爲他以後的美國之行打下了基礎。

這一差使也使他籌集到了申請格西學位所需的資金，第二年他便返回拉薩，完成了他的格西學位。隨後又到北京擔任英國駐拉薩領事查爾斯・貝爾的譯員。一年後，貝爾將他介紹給一位英籍早期的西藏學專家帕里斯（**Marco-Pallis**）。這樣，一九三七年的夏天，旺傑有幸去了英國，並在那裏待了幾個月，接觸了西方文明和基督教、十字架，也開拓了他的眼界。

從一九三七年至一九四九年，旺傑都待在西藏。一九五一年他離開西藏前往印度。一九五五年他受美國世界宗教服務機構和新澤西州的卡爾梅克蒙古人的邀請前往美國，開始了他在美國傳法的新生活。

美國喇嘛教寺院的建立，標誌著格魯派在美國的立足。

旺傑在傳播佛法的同時，也進行教學工作。他被紐約市的哥倫比亞大學及華府聘爲藏文、蒙文的教授，開始他教育學生的生涯。他教學生禪定、研讀佛典。他告誡學生「人生無常」，「佛陀是唯一可以信賴的精神導師」，學生應該身體力行去研究佛法，才能達到解脫之門。

在他的倡導下，七〇年代初，他和他的學生成立了美國佛學研究學院，把佛學研究帶進了學術圈。該學院聚集了美國不少的佛教研究學者，既有藏族高僧，如格西江白旦珠、洛桑強巴等，也有當地的美國學者，世界宗教高級研究所的克里斯托弗・喬治博士、佛吉尼亞大學的傑弗里・霍普金斯博士、阿默斯特學院的羅伯特・蘇爾曼博士等也常來授課。學院辦了一所暑期學校，並且舉辦假日短期培訓班、週末討論會等活動，以促進美國的藏傳佛教研究和翻譯工作。學院設有佛堂、圖書館、研究部、餐廳和宿舍等，目前由蘇爾曼博士負責策劃。

一九七三年，旺傑和他的學生合作翻譯出版了《解脫之門》一書，介紹噶當、格魯派的教義。

旺傑格西爲格魯派事業一直在忙碌著。他忙於演講，忙於教學，忙於寫作、翻譯，以極大的熱忱獻身於他所鍾愛的藏傳佛教事業。而且確實碩果累累，不僅創辦了寺院，而且爲美國培養出了一批佛學研究者。他無愧於開山鼻祖的稱號。

在格西旺傑的帶動下，藏傳佛教格魯派在美國日漸站穩了腳跟，在各州紛紛設立他們的坐禪中心，其中值得一提的是執金剛智研究所。

執金剛智研究所是一個非營利性的格魯派宗教和教育組織，一九七五年於加利福尼亞州創立。主要由兩名格魯派高僧土登益西和土登卓巴傳授教義，教導修習，該研究所並開設坐禪課程。

執金剛智研究所也有幾個分支機構，不過都在加利福尼亞州。它在柏克萊、布林德克里克、聖莫尼卡等

地都建立了坐禪中心。

薩迦派

薩迦派在美國建立的第一座薩迦佛法中心是薩迦德欽曲林。它是由薩迦派法王吉達・達欽薩迦和德雄仁波切於一九七四年在美國華盛頓州的西雅圖建立的。它的目的是「保存和傳播以信奉觀世音爲主的藏傳佛教」，它的主要活動是各項教規、傳播藏族文化。

開始的時候，因爲沒有地方，仁波切們在自己的家中教授，並且在威林武德區（**Wallingford**）租了一小塊地進行坐禪活動。一九七六年，他們在西雅圖的伯克（**Burke**）街物色到一幢房子，於是把它買了下來，用作圖書館、辦公室和習教練功的住宿地。

慢慢地，他們的名聲傳開了。奧林匹亞區（**Olympia**）的佛法實踐者也足夠再設分部了，於是他們要求仁波切在他們那兒設一個分支機構，並且派人來指導他們的禪修活動。他們果然如願以償了。一九七九年，策欽袞呷曲林（**Tse chen kunkyab choling**）在奧林匹亞區正式成立，主持人是降央・曲珍。

此後，吉達仁波切、德雄仁波切、曲珍仁波切等便在這些地區進行定期的教授和坐禪指導、灌頂。一九八一年，伯克街的房子也容納不了愈來愈多的追隨者，看來該換一個更大的地方進行活動。於是，西雅圖的佛法中心便暫時設在大學社區內，而仁波切和中心的成員們便開始爲尋找一個合適的地方而不斷奔波。抱著這樣的心願——給那些對藏傳佛教教義有興趣的人提供機會進行坐禪實踐，給予更多的正確指導。一九八四年，他們終於購到了所需的地皮。這是一座西式的教堂。從此，仁波切一面教學、指導坐禪、延聘著名高僧來訪，一面和他的夥伴、朋友們不停地工作，改造這座西式教堂，以使它成爲眞正的薩迦寺廟，成爲華盛頓州西雅圖佛教徒的「歡樂窩」。

改造工程還是由吉達仁波切主持的。首先改造的是外觀，在原有的天主教堂尖頂上加上了藏式的屋頂；五間臥房和五個盥洗室經重新裝修、粉飾，用做喇嘛宿舍和修習者的住房，大殿改成了壇城大廳，大廳的地板鏟平；七扇窗戶由半圓形改成四方形；壇城的四週已經備好法王的寶座和喇嘛們的桌椅；用來存放宗教法器的儲藏室也已建好；原有的一個隔間，空出來做瑪哈嘎拉護法神的壇城；藏式的門柱加在了正前門的進口處。外面的包裝已是地地道道的藏式寺廟了。接下來的內涵更顯主持者的功夫。唐卡、壁畫大師的任務並不輕，要畫壇城，要畫薩迦派傳承的過程，要畫薩迦七祖的畫像、十六羅漢等等，這一切完成以後，才是眞正的薩迦寺形象。可是您是不是覺得還缺點什麼？

想起來了吧！是佛塔。當一個高僧圓寂時，最好的紀念方式便是建佛塔。於是，薩迦寺的東南角上很快地豎立起一座佛塔，那是爲紀念德雄仁波切而建造的。德雄仁波切於一九八七年五月十六日圓寂於尼泊爾的塔蘭寺。

這一切都需要物質基礎，即錢的支助。可是藏傳佛教在美國只是一個新興的宗教，那兒並沒有像在亞洲那樣有很強的財務支持。他們靠的主要是僧眾的努力和自願者的捐助。基金很有限，開始時會員捐獻的每年平均只有一萬六千美金。當然，這其中並不包括喇嘛們的日常費用或其他人員的幫助。一九八四年後，經過捐款、教導和募捐基金活動，籌集到了十一萬五千美元，使這些改頭換面的舉措得以實施。但這也僅夠他們維持裝修費用，要有更大的發展，還需要尋求更多、更大範圍的支援。

薩迦寺的中心活動是想藉由心觀觀世音活動獲得愛和同情。因爲佛陀告訴他們，愛是全人類經歷幸福的希望，同情則是人類從痛苦中解脫出來的良方。

觀世音坐禪活動由兩大部分組成。第一部分是眾生的階段，每個人以觀世音作本尊進行心觀坐禪；第二部分是完成階段，包含著人的自我檢驗。這兩種坐禪的實踐「能逐漸喚醒人們潛在的對全人類的愛和同情心，以及人自身巨大而無限的潛意識覺醒」。

觀世音坐禪活動每週進行兩次：一次是星期四上午八點，一次是星期天下午十點，由吉達仁波切主持。這些坐禪活動對任何想參加的人都開放，只要他們感興趣。

但還有另外一些僅限於藏傳佛教徒的。譬如按照藏曆，每個月都要在薩迦寺舉行宗教儀式。佛陀的降生日、蓮花生的降生日等等，每個月的十五日、廿五日、廿九日都要舉行儀式，以誌紀念。由此也可以看出，對於佛教徒和僅參加坐禪活動的人要求是不一樣的。

主要主持這些活動的有四人，即薩迦法王吉達・達欽薩迦、德雄仁波切、**H. H.** 智勒仁波切、降央・曲珍仁波切。而其中的兩個人是我們應該提到的，因爲沒有這兩個人，也就沒有薩迦派在美國的今天。

首先，我們想介紹的是薩迦法王吉達・達欽薩迦，美國薩迦寺的創立者和主持人。法王是薩迦昆氏家族彭措分支的後裔，一九二九年出生在西藏薩迦縣。吉達的父親當時是薩迦縣的父母官和薩迦派的首領。吉達便在他父親和他的根本上師智欽・阿旺土登旺曲的教導下，按部就班地學習著，他們想把他培養成藏傳佛教薩迦派的政教領袖。吉達果然不負所望，他首先掌握了佛教的小乘、大乘和金剛乘的教義，然後學習昆氏家族世傳的、秘不示人的教義和薩迦派主要的「道果」教法。經過這兩段的學習，吉達便進行了長時間的閉關靜修。然後，他第一次向薩迦的三百名僧尼和百姓講授了「道果」教法。

他的父親示寂後，吉達爲了進一步提高佛學知識和佛法，他沒有繼承父親空出的政教首領之位，而是慕名前往康區，尋找著名的上師。於是，嘉木樣曲結洛珠和迪安格・康孜饒薩達娃成爲他的根本上師。師從兩位根本上師的學習，使他萌生了佛教無宗派該有多好的念頭，他的想法也得到了兩位根本上師的支持。

完成了學業以後，吉達開始在康區宣揚、教授所學的教義，並創建了十七所薩迦寺廟、十個靜修中心。一九五五年，他第二次向一千二百多名僧眾講授了「道果」教法。一九五九年，他隨同家人到印度。一九六〇年，他應邀到華盛頓大學從事藏族文化方面的研究工作。從此，他便同妻子、五個兒子和其他家庭成員在西雅圖定居下來。在美國，他既看到了文明與富裕，也看到了墮落與貧窮。他決心要在現在和下一代的人當中宣揚藏族傳統文化，於是他不遺餘力地奔波於美國、加拿大、歐亞大陸，宣揚廣博的藏傳佛教教義，並且創建了薩迦寺，作爲在西方學習藏族宗教、文化的一個活動中心。

在這方面，德雄仁波切同樣是一個傳播薩迦派教義的急先鋒。德雄仁波切一九〇六年出生在西康一個世代藏醫家中。他從小就對佛法顯示出了濃厚興趣。四歲的時候竟然懇求他的父母把他送到寺院去，以學習「神聖的佛法」。他的叔叔阿旺寧瑪認爲孺子可教，於是把小德雄帶到他隱居的塔蘭寺，教他學習佛法。這一學就是五年，小德雄一本本地啃佛教著作，遇有不懂的地方，他的叔叔就給予詳細的解釋。他最喜歡《聖者米拉日巴傳奇》，並且熟記於胸。有一次，一批香客路過他們的修行地，聽說有一位如此奇異的小孩，便懇求他講授佛法教義，他就把米拉日巴道歌、傳奇娓娓道來，令香客們讚歎不已，而這時他年僅六歲。

十歲的時候，他有幸遇見了薩迦派高僧阿旺勒巴仁波切。這一次會面，使勒巴尊者成了德雄的根本上師。十五歲的時候，德雄從勒巴仁波切受了戒。

小德雄顯現出來的才智使周圍的人都認爲他必定是活佛轉世無疑。果然，在十七歲時，H・H・薩迦智欽和扎修智利仁欽把他正式指認爲德雄寺的第三世德雄龍里寧瑪，即二世德雄活佛的轉世。很快就舉行了坐床典禮。據傳在坐床典禮上，一道彩虹出現在德雄寺的上空，海螺聲不絕於耳，而這時並沒有下雨，也沒有人在吹海螺。

勒巴仁波切是一個開放的高僧，沒有門戶之見。他鼓勵德雄盡可能去拜訪更多、更高的上師，以汲取佛學的精華。德雄仁波切聽從根本上師的勸告，師從了藏傳佛教四個教派的近四十位高僧，學習各派的教義，在聞、思、修方面都達到了較深的境界。他把所學的各派教義融匯貫通，加上自己的佛法實踐，使他成爲「那個時代偉大的無門派的上師之一」。

一九四一年，勒巴上師圓寂，德雄仁波切繼任爲塔蘭寺的住持。

一九六〇年，他和薩迦法王吉達・達欽薩迦一起來到美國，在華盛頓大學從事藏族文化和宗教方面的研究工作。

六〇年代末、七〇年代初，德雄仁波切和吉達・達欽薩迦法王便常常在他們自己的家中小範圍地講授教義、接受門徒。誰知這下一發而不可收拾，便於一九七四年創建薩迦德欽曲林，作爲定期進行佛法教學和坐禪實踐的中心。

從七〇年代到一九八七年他圓寂之前，他主要從事三方面的活動：建立佛法中心、宣揚藏傳佛教教義、著書立說。

建立佛法中心：一九七〇年在紐約州的紐約市建立了吉村薩迦中心。該中心每週組織坐禪和宗教研究，盡量爲短期閉關提供打坐的方便。一九七六年，又在紐約市的格羅夫街建立了薩迦強巴曲林中心。該中心是藏傳佛教薩迦派在美國的一個教派組織。一九八一年，在尼泊爾創立了一座新塔蘭寺，這是爲紀念他的根本上師阿旺勒巴而設的。一九八七年他圓寂的地方也是在這兒。

宣揚教義：他不僅教授小乘、大乘、金剛乘的基本教義，還講授了觀世音、曼殊師利、大黑天護法神、度母、無量壽佛等方面的知識，並在實踐方面給予詳細的指導。一九七八—一九七九年，他講授六波羅蜜；一九八三年，他教導薩迦派道果法，修習三層次論；一九八五年，他在三個月內，每個禮拜抽三天時間，教導薩迦・班智達的《聖人概念的闡釋》。德雄仁波切常常用菩提心來宣揚藏傳佛教的精髓，認爲這是佛陀時代利益一切衆生的最本源。

同時，他著書立說，廣傳教法：《兩種積累的最好途徑》、《實踐薩迦派早期教義的方法》，並且和翻譯家、大學研究生合作，出版藏傳佛教方面的著作，弘揚薩迦派教義。

薩迦派在美國當然不僅僅只有薩迦寺和他們的分支機構，其他薩迦派高僧也分別在加利福尼亞、威斯康辛、紐約州等地建立了傳教據點。

寧瑪派

塔通活佛是美國傳播寧瑪派的旗手。他和曲陽・仲巴一起被稱爲美國藏傳佛教界的傳奇性人物。不過塔通活佛和仲巴仁波切有一個明顯的區別，仲巴仁波切總想開創佛教的新局面，迎合西方人的心理趨向，從而

影響西方人的精神世界；而塔通活佛則强調藏傳佛教的傳統，喜歡做教師的角色，致力於推行密教修習。兩人的道路截然不同，美國人卻以一貫的寬容接納了他們，而且對他們倆截然不同的方式都發生了濃厚的興趣，從而使他們都取得了輝煌的成果。

塔通·土庫出生在今青海省果洛州久治縣一個索巴家族之中。他的父親索巴土庫是當地一位頗有名望的喇嘛。精通醫學、天文、曆算。爲人謙虛，慈悲爲懷，常爲人治病解疑。塔通早年承父親的教誨，熟悉佛教的各種儀軌，而從他母親那兒，他則學到了藏文。

七歲時，他入塔通寺開始了他的學經生涯。十四歲以前，他學習藏文、音樂及基本佛學方面的內容。從十四歲到廿六歲的十三年中，塔通一直專心於打坐靜修和修習佛理，拜訪各派高僧，學習各派理論，在廣採眾家之長的基礎上再專攻寧瑪派。

一九五九年，他經不丹、印度來到錫金，從師康孜仁波切學習金剛乘方面的知識。一九六二年應印度政府邀請，到印度梵文大學任教，講授金剛乘哲學理論和實踐。

一九六八年，塔通攜全家來到了美國。儘管他對西方世界很陌生，他卻喜歡面臨新的挑戰。他的事業出乎意料地順利，一九六九年，他就在加州大學柏克萊分校旁邊的山坡上設立了「西藏寧瑪坐禪中心」。這是第一個專門爲美國人而設的坐禪中心。塔通在中心既當老師，也當學生，互相學習，摸索經驗，以在美國推廣藏傳佛教寧瑪派。他沒有令寧瑪派失望，也贏得了美國信徒的崇拜，他的機構不斷壯大，塔通也日益成爲美國藏傳佛教界炙手可熱的人物。

塔通創設的主要機構有：

1.西藏寧瑪坐禪中心（Tibetan Nyingmapa Meditation Center）

一九七三年創立，位於加州大學東北邊的山坡上。這是一幢三層的樓房，共有三十七間住房。中心設坐禪、藏語文、宗教儀式、大乘佛教經典研讀、藏族藝術等課程。

這是一個進行宗教訓練和修習的好地方。塔通一直抱有這樣的觀念，坐禪對醫療效果具有潛在的價值，因此這裏雖然不是一個「精神臨床醫療中心」，卻有著相同的功效。

目前，中心的學生來自全美各地的各行各業，其中不乏教授、學者、心理學醫生、大學生等，年齡也從二十歲到六十五歲不等，平均年齡則是三十多歲，一個最需要精神療養的時期。

2.佛法出版社（Dharma Press and Dharma Publishing）

佛法出版社是西藏寧瑪坐禪中心所轄的一個出版、印刷綜合機構。但成立卻比它早一年，是一九七二年，位於加利福尼亞郊區索諾馬的奧地安。凡是有關藏族文化、藏傳佛教方面的書籍都在出版之列。如佛教哲學、佛教史、藏族文學、名人自傳、詩集、藝術等都是。譬如其中就有一個藏文著作翻譯系列

《佛教心理學意識》（Mind in Buddhist Psychology）；

《平靜與清澈》（Calm and clear）；

《金色之風》（Golden Zephyr）；

《蓮花生生活和解脫之道》（The Life and Liberation of Padmasambhava）；

《放鬆自我》，由意識（mind）、禪定（meditation）和奇蹟（Wonderment）三部分組成；

《經世格言》（Elegant Saying），由龍樹的《智慧樹》和薩迦班智達的《格言寶鬘》兩部分組成；

《佛教名人》（Buddha's Lions）

……

塔通自己的著作毫無疑問都在這裏出版。如《時間、空間和智慧》（Time Space and Knowledge）、《放鬆一切》（Kum Nye Relaxation）、《意識的熟練》（Skillful Mind）、《開放意識》（Openness Mind）、《意識的思考》（Reflection of Mind）、《西藏的神聖藝術》（Sacred Art of Tibet）以及他編的《經世格言》等等。

出版社還定期出版學報、雜誌，如《明鏡》（Crystol Mirror）、《格薩爾》季刊（Gesar）等，都很暢銷。

3.寧瑪佛學院（Nyingma Institute）

一九七三年成立，它的主要目的是向美國提供一個研究藏傳佛教理論的機構，因此只設碩士班，學習的課目有佛教哲學、藝術、藏語文、坐禪理論和實踐、心理學等。

4.寧瑪鄉村中心（Nyingma Country Center）

塔通早就想在美國加州北部的索諾馬建立一個完全自給自足的藏傳佛教社區。這個社區的正式名稱叫「奧地安西藏寧瑪文化中心」，這是因寧瑪派祖師蓮花生大師的降生地奧地安而得名的。一九七五年，塔通在此購買了九百英畝土地，並勾畫了社區的藍圖：

(1)發展一個包括西方科學家、心理學家、學者和東方學者共同參與的學術中心。

(2)提供一個翻譯藏傳佛教經典的理想環境。

(3)培養藝術家，保存藏族傳統藝術。

(4)供老人退隱的地方、青年進修之所。

(5)發展農業區，以達到自耕自足的目的。

(6)聘請一批藏族高僧、學者、藝術家、翻譯家和手工藝者，向美國公民直接介紹藏傳佛教。

(7)提供一個高級宗教訓練之地，有計劃地培養下一代喇嘛。

塔通的夢正在逐步變成事實。

5.寧瑪中心（**Nyingma Center**）

中心成立於一九七七年，主要負責管理各地寧瑪佛學院的情況。塔通在美國的許多州都設立了佛學院，如加州、亞利桑那州（鳳凰中心）、科羅拉多州，寧瑪中心便是對此進行統一管理的機構。

6.甘珠爾、丹珠爾印經計劃

甘珠爾、丹珠爾是藏傳佛教大藏經的兩大組成部分，甘珠爾是佛語部，丹珠爾爲論著部。

一九七八年，佛法出版社提出一個宏偉的計劃，對甘珠爾、丹珠爾進行研究、校勘和出版。電腦製版和現代化的印刷設備，加速了大藏經的出版進程。一九八一年，一百二十巨冊的《寧瑪大藏經》便全部出齊了。

在此似乎有必要費一些筆墨向讀者介紹一下《寧瑪大藏經》的有關情況。

（1）《寧瑪大藏經》的底本全部採用德格版。同時用拉薩、北京、那塘、卓尼、蒙古等版本進行校勘，德格版缺少的部分就用其他版本補充。

（2）除少數經文外，《寧瑪大藏經》的大多數經卷附有校勘表。它將各種版本的《甘珠爾》、《丹珠

爾》的古今目錄、沿革進行對比，並加以文字說明和注釋。全書共有這方面的圖表四千八百二十九個。

（3）《寧瑪大藏經》圖文並茂。除文字外，印有二百卅一幅珍貴的彩色唐卡，二百六十二幅藏族線條畫和藏族著名學者肖像畫。

（4）《寧瑪大藏經》裝潢精美。

《寧瑪大藏經》共印一〇八部，並將它分送給美、澳、印、蒙、日、中和歐洲的主要圖書館和研究中心。

另外，珠堅活佛在紐約市創建了益西寧波中心，作爲寧瑪派在美國的禪定和研究中心的核心組織。該中心鼓勵寧瑪派法師前往美國開創他們「美好」的事業。現今，總部設在紐約市第十六大街西路十九號，在全美共有六個分支機構，中心的主席爲約翰・吉諾，是一位美國的寧瑪派佛教徒。

頓窮活佛則在紐約和加利福尼亞的柏克萊分別創建了寧瑪派坐禪中心——奧根曲宗。紐約的奧根曲宗，現由赤烈諾布主持，主席也是約翰・吉諾；而柏克萊的奧根曲宗則由加措活佛主持。

由加珠活佛創辦的奧根仁增曲科林位於俄勒岡州的阿希蘭市。

……

噶舉派

格魯、薩迦、寧瑪派在美國紛紛粉墨登場，尋找他們的門徒時，噶舉派自然也不甘落後，而且它的「成就」是足以令它十分自豪的，也令其他各派羨慕不已。因爲噶舉派自有它的「法寶」。

第一個法寶是支系多，噶舉派素有「四大支八小支」之說，這是其他藏傳佛教各派都無法企及的。在藏族歷史上，噶舉派是越分越細，直到如今倒有團結的趨勢，爲他們共同的奮鬥目標——開拓歐美弘化區，走到了一塊兒。

支系一多，高僧就輩出，而且各自的傳承都延續了下來。這樣到現在，在美國的藏傳佛教舞臺上，便有不少的噶舉派高僧活躍其中，仲巴仁波切自不用說，其他還有噶魯活佛、洛珠仁波切、堅娃噶瑪巴、巴多・土庫仁波切……，有了這樣一批傳播者，成績自然也非同一般了。

第二個法寶是它的教義。噶舉派重密宗，最吸引人的地方即「大手印」，這是噶舉派最獨特的內容。接下來，我們便來看看噶舉派在美國的「成就」。（曲陽仲巴的情況因有專章介紹，這裏略去）

噶舉達磨。這是一個禪定中心的協調組織，是由噶魯活佛創建和主持的。它是噶魯活佛和其他噶舉派高僧在美國創辦的許多禪定中心的橋梁和主幹。它「下轄」的主要中心有：噶舉札林貢卻寺（紐約）、羯磨阿旺雲旦嘉措林寺（新墨西哥州的聖菲阿蘭代爾市）、噶舉多阿貢卻寺（洛杉磯）、噶舉彭德曲林寺（加州北聖胡安市）、噶舉措丹貢卻寺（舊金山）、噶舉赤烈貢卻寺（馬里蘭州沃特敦）、噶舉江珠曲林寺（俄勒岡州波特蘭市）。

羯磨三乘法輪寺。一九七八年由堅娃噶瑪巴創設，位於紐約的伍德斯托克區，是一處占地三英畝、有二十八間禪房的噶舉派禪定中心。現在的主持人是第三世巴多土庫仁波切、噶塔仁波切。該中心有許多分支機構，分支機構的名稱一律是當地名稱加羯磨德松曲林，主要分佈在紐約、加利福尼亞、密西根、俄亥俄等州。

紐約市的有羯磨德松曲林、卡托納羯磨德松曲林、特羅伊羯磨德松曲林；加州的有洛杉磯羯磨德松曲林、伊迪爾維爾德羯磨德松曲林、伊迪爾維爾高山中心、洛斯阿爾托斯羯磨德松曲林、聖巴巴拉羯磨德松曲

林、聖克魯茲羯磨德松曲林；

俄亥俄州的有哥倫布羯磨德松曲林；

密西根州的有安阿伯羯磨德松曲林。

羯磨三乘法輪寺主要開辦噶舉派教義、佛教坐禪等課程，它是美國藏傳佛教寺廟和文化的中心之一。

羯磨丹傑林寺由洛珠喇嘛創立於一九七四年，是加利福尼亞州的一個噶瑪噶舉中心，凡在加州設立的噶瑪噶舉禪定中心都歸它管轄。羯磨丹傑林寺定期舉行閉關活動，延聘各地的噶瑪噶舉派高僧前來主持。

這只是一些枯燥的統計材料，而在這些統計材料的背後則凝聚著噶舉派高僧們無數的心血。噶魯活佛就是他們的傑出代表之一，從他的生平和傳播生涯中，您也許能找到噶舉派何以風靡歐美大陸的原因了！

禪定之王噶魯活佛

在噶舉派高僧中，噶魯活佛以他高深的造詣倍受西方藏傳佛教信徒的推崇，被喻爲「當代碩果僅存、有實修大成者」，堪稱噶舉派「上師中之上師」。這位四川省甘孜縣來馬鄉的兒子擁有這麼高的榮譽，自有他的過人之處。看完了他的自述和信徒爲他撰寫的傳記，您就會瞭解他不凡的降生、學法、傳法過程。

噶魯仁波切一九〇四年出生在來馬鄉一個噶舉派僧人家中。他的出生，後來被神化了：他是「直立而生，腳先著地」的。剛一出生就「目顧四方，璨然而笑，毫無畏懼或羞怯之色」。並且口湧六字眞言，宣揚噶舉派教法，令他的父母和鄉鄰們驚喜不已，認定噶魯仁波切是一位活佛的轉世。

噶魯仁波切這樣回憶道：「在我還是一個小孩的時候，聖德的溫情就已在我的心中生起了。我自動自發、自自然然、一心一意地希望拋開世間的財富和享樂，心甘情願地去過平常的生活，只想在清淨的山谷中找個岩洞專做宗教的修持。」

「我生來具有慈悲和虔誠的高貴氣質，我對有情眾生的悲心，往往使我傷心落淚，尤其是對受苦受難的眾生，更是感到情不自禁。同樣地，我對給我灌頂加持、使我性靈成熟，以及傳法給我，使我得到解脫的上師所懷的信心和誠意，也會使我流淚不止。」

噶魯的父親是他的啓蒙教師。不僅教他讀、寫，同時讓他從小體會佛法：念咒、打坐、觀想，成爲他每天的必修課。在他觀想的時候，是以白度母、觀世音菩薩作爲本尊的。

十三歲時，噶魯正式入寺爲僧，由第十一世大司徒班瑪旺曲爲他灌頂，並賜法名噶瑪讓炯貢卻，藏文「自起圓滿」的意思。從此小讓炯師從達喜群培學習噶舉派教義、教典。

十五歲時，噶魯仁波切便出道爲本欽寺的僧尼們講解佛教的大小乘、金剛乘教義。

從十六歲開始，噶魯仁波切進行了爲期三年零三個月的專修課程。在八邦寺附近的山丘上，有一個名叫察卓仁欽珠的潛修中心，仁波切便在這裏專心求法。他想方設法地抓緊時間學習。譬如，爲了使自己能在第二天早上醒來，他往往背倚房門而睡。第二天當叫門的僧人前來踢開房門時，他往往被踢到「半空」之中，從而迫使自己醒來；白天，爲了防止自己瞌睡，他坐到高高的窗沿上面，這樣一打瞌睡，便會撲通一聲跌在地上。憑著堅韌的毅力和求法的熱忱，噶魯仁波切從他的上師諾布那兒接受了無數灌頂和傳法的教法及開示。諾布上師也很欣賞這位弟子的虔誠，把他的體悟一古腦地傳授給了噶魯仁波切。

廿五歲的時候，噶魯仁波切更是拋開一切世事，在山岩洞穴以及其他人跡罕至之處，從事密集精修。這

一修便長達十二年之久，其間他只是偶爾回到他的根本上師諾布的身邊，請求開示。

這十二年的歲月，噶魯仁波切過的是什麼樣的日子呢？仁波切現在的秘書堅參曾經有幸對仁波切修行的一個山洞作過一次探訪：那是一個小得非常可憐的山洞，而且洞口很大，朝著吼叫不息的北風，「這是一個可怕的地方」。可是仁波切對這樣的日子卻很滿意，認爲這種生活方式極有意義。後來他回憶道：「我對當時所過的修行生活十分滿意，對於人間的事既無牽掛，自無愛惜之情可說。所有一切敬仰我的人所送的供養，所有一切人爲亡靈祈福所送的供品，我都用於修鍊的目的了」。

這十二年的苦修結出了「佛果」，使噶魯仁波切在禪定方面達到了很高的境界，也練就了仁波切鮮明的處世方式：「我對每個人都很友好，但不牽掛任何人。我以慈心平等對待每一個人，不論他對我友好不友好，都是淡然，都是一樣。我歷經種種樂事而毫無所著，只將他們視爲一種金剛之宴」。這正是現代的西方人用盡手段而竭力追尋的境界，難怪他們深深爲噶魯仁波切所傾倒，而贈送他一頂「禪定之王」的桂冠。

噶魯仁波切似乎已經獲得了三乘的眞諦，他以小乘爲外在的戒律，自我約束，避免做出任何直接或間接傷害其他人的事情；以大乘爲內在的戒律，救助他人，不屈不撓地勤修菩提心；又以金剛乘爲秘密的戒律，力行實踐生圓合一的教持。

噶魯仁波切致力於噶瑪噶舉和香巴噶舉的傳教事業。香巴噶舉是瓊波南交巴于十二世紀創立的。傳說他在香地（今西藏南林木縣）用三年時間建寺一百零八所，攝徒傳法，從而形成了香巴噶舉派。此後著名的香巴噶舉派高僧有香頓、克增熏努珠、頓月堅參和藏戲的創始人唐東傑波等，而格魯派創始人宗喀巴等人都曾學過香巴噶舉派的教義。但後來漸漸泯滅無聞了。噶魯仁波切決心重整香巴噶舉的事業，在他完成潛修後，先回到了八邦寺，主持察卓仁欽珠瀞修中心。此後，他到各地朝拜聖地，同時也開始了復興香巴噶舉的計劃。他建立了許多香巴噶舉派寺廟，並把香巴噶舉派的教義傳給許多高僧、上師。

噶魯仁波切精通噶瑪、香巴噶舉派的教義。他用智慧與才能投入藏傳佛教的西傳事業中，而且獲得了巨大成功。他五度西訪，足跡踏遍歐美各國，向西方人展示了藏傳佛教的魅力，並以自己的言行感化、引導「西方衆生」，使不少的西方人受持三戒，成了慈愛的化身和佛法的傳人。在噶魯仁波切的影響下，藏傳佛教的旗幟在西方世界中高高地舉了起來，噶魯仁波切因而也被譽爲傳播「明燈」的人。

噶魯仁波切離開西藏出國的第一站是不丹，在那裏待了幾年。一九六三年他離開不丹，旅居印度。第二年始主持索那達寺的工作，並建立了幾座坐禪中心。從此「一群來自世界各地，操持各種語言，擁有不同國籍的幸運學子，像天鵝飛聚蓮湖般」聚到了噶魯仁波切的身邊。學子們的虔誠學法和熱情邀請，使他萌生了更大的想法，把藏傳佛教帶到西方去，讓西方人共用這人生的「樂音」！於是，從一九七一年起，他開始了他的西行事業。

一九七一年，他第一次前往西方，造訪了歐洲的幾個國家：在梵諦岡會見了教皇保羅十世，訪問了法國的巴黎、蘇格蘭的賽米林，此後他來到北美，在那裏待了九個月。其間到各坐禪中心說法傳教，深受佛門弟子的喜愛。一九七二年春，他在西方建立了第一座傳法中心——噶舉貢卻曲林，座落在加拿大溫哥華的監泉島。

一九七四—一九七五年，他再度前往西方，在法國、北歐、加拿大、美國建了幾個坐禪中心。

一九七六年，仁波切三度出行。此行爲他的西方弟子建立並舉行第一屆爲期三年的坐禪課程。仁波切把這個地方選在法國布隆芒耶他所設立的翔磨那爛陀寺內。進行初級指導以後，他又走訪了加拿大、美國。

一九八〇年，他又一次來到法國，爲他的第一屆坐禪課程舉行結業典禮，並因衆多弟子的要求，開辦第二屆坐禪課程。同時他在巴黎舉行了時輪灌頂。一九八二年，他第五次前往西方，先到北美，在加拿大的新漢普夏和美國的哥倫比亞又創立了幾個坐禪中心，並且在紐約和舊金山兩地傳授時輪金剛法會。然後到歐洲各坐禪中心巡視，並在瑞典傳授時輪灌頂。

到目前爲止，在西方世界中，已留下了他創建的約七十個坐禪中心，這在整個從事藏傳佛教西傳事業的高僧中，並不多見。

在圓寂前的幾年裏，他正全心致力於藏傳佛教百科全書的編譯計劃，邀請中外藏傳佛教專家、學者、高僧等幾十人在印度以多種文字進行譯述。

一九八九年五月九日，一個不幸的消息傳遍了亞、歐、美大陸：噶魯活佛在印度索那達寺圓寂，享年八十五歲。

歐洲

歐洲與藏傳佛教產生關係的歷史，要比美國來得早。近代的英國殖民地——南亞次大陸上的印度，曾和西藏有著頻繁的交往。更遠一些的來說，西方的傳教士、商人和探險者也往往來自歐洲。加上歐洲的藏傳佛教研究也早於美國的學者，因此歐洲人對藏傳佛教的熟悉程度要比美國人高得多，可是藏傳佛教在歐洲所取得的成就卻遠遠落後於美國。其原因當然是多方面的，不過有兩點值得我們注意。

第一點是歐洲人多數是以理智上的抉擇接近藏傳佛教的。無論是德國喇嘛格敏達，還是英國的女記者維琪，他們都以一貫的好學深思審視著藏傳佛教，他們比美國人更挑剔；加之他們深厚的基督教文化背景，使得藏傳佛教在歐洲的發展處於一種緩緩升升的階段，沒有美國那種突飛猛進的感覺。可是一旦選擇了藏傳佛教，他們會更堅定、更投入，甚至加入傳播藏傳佛教的行列，以他的親身體證、深思得出的結論引導他們的同胞，投入佛陀的懷抱。

最具代表性的是德國人，德意志的日爾曼民族向來是以他們的哲學思辨能力聞名於世的。因此，他們對藏傳佛教的研究要比歐洲其他各國深入得多。然而在德國，職業性的出家人並不多，即使是職業性的出家人，他們中的大多數也有過良好的哲學和語言方面的訓練。普通的德國人，首先是通過藏傳佛教研究者們的著作，參加一些佛教座談會而接觸到藏傳佛教的，經過一段思考以後，才會進行進一步的修行。按他們本國學者的說法，他們「歸向佛法的過程中，是哲學上的內容比宗教上的內容來得容易些」。

第二點是前往歐洲傳法的藏傳佛教高僧要比美國少。這一方面是由於歐洲各國移民法的限定，譬如英國政府只允許五十位藏傳佛教僧人到英國定居；而直到一九七四年，才有藏傳佛教僧人在法國定居。另一方面，定居在歐洲的部分藏傳佛教僧人加入了定居國藏傳佛教研究者的行列。他們或到各高等院校從事藏語、藏族文化、藏族藝術、藏傳佛教各派教義等方面的教學工作，或到各個研究所申請各項基金，從事藏傳佛教的研究，只能間接地擔負傳播藏傳佛教的使命。

儘管如此，還是有一定數量的藏傳佛教高僧從事著傳播工作。他們牢記著祖師蓮花生大師的預言，辛勤地致力於藏傳佛教西傳事業。預言正在逐漸變成事實，藏傳佛教後來居上，震撼著歐洲的佛教舞臺，寧瑪、噶舉、薩迦、格魯各派各顯神通，紛據一方。成果最輝煌的，首推噶舉派。一九五二年，噶舉派在德國成立

格敏達。

了歐洲最早的藏傳佛教組織——彌勒曼陀羅，它也是西方世界最早的藏傳佛教僧團，它的創始人是德籍喇嘛

下面我們在勾勒歐洲整個藏傳佛教傳播情況的同時，將把主要的筆墨放在藏族人早就熟悉的英國之上。

噶舉派：藉著它的眾多支系，活躍在歐洲的藏傳佛教舞臺上。仲巴仁波切、阿貢喇嘛、其美上師、噶魯活佛等都是積極的傳播者。經由他們的努力，噶舉派在歐洲各國都紮下了根。英國、法國、荷蘭、比利時、挪威、瑞典、芬蘭、丹麥、德國、奧地利、義大利、希臘等國都留下了噶舉派僧侶的身影、皈依佛門的西方教徒的蹤跡。大多數的寺院和坐禪中心冠以羯磨的名稱，諸如羯磨平措曲林（法國）、羯磨曲培林（荷蘭）、羯磨楚傑林（丹麥）、羯磨洛珠江措林（波蘭）、羯磨珠舉曲林（希臘）、羯磨丹傑林（德國）等等。

在英國，著名的噶舉派坐禪中心有噶舉桑耶林西藏中心和康藏之家。

噶舉桑耶林西藏中心是藏傳佛教在英國設立的第一個坐禪中心。一九六七年，曲陽・仲巴仁波切和阿貢喇嘛在蘇格蘭的詹斯頓之家設立了這個坐禪中心。阿貢喇嘛和仲巴仁波切在牛津大學進修期間，有一些學生對藏傳佛教產生了興趣，逐漸舉行固定的集會，研究佛法。他們就自然而然地成爲這些學生的「導師」，教導他們實踐坐禪藝術。這件事促使他們在一九六七年創設了桑耶林西藏中心，以吸引更多的英國人投入到藏傳佛教的實踐中去。一九七〇年，仲巴仁波切因故離開英國，遠赴美國重新開創局面，蘇格蘭的坐禪中心便由阿貢喇嘛一人主持。

一九八八年，該中心又擁有了一座仿桑耶寺式樣的寺院。這是一座占地約五百平方米的五層樓寺院。寺院的大殿內金碧輝煌，唐卡、壁畫和佛像很多。中心內還有靜修樓、辦公樓、招待樓、宿舍等。一九八九年開

始，中心進行第二期建築工程以建立一所學院，它包括圖書館、階梯教室、博物館、檔案館和招待所等。

桑耶林西藏中心主要從事宗教方面的活動。藏傳佛教高僧們在此不僅傳授噶舉派教義，舉辦念經祈禱、宗教儀軌等活動，還開展精神治療、指導坐禪和靜修等。教學方法靈活，既可單獨教授，也可集體授課。授課的時間也有好幾種，長的可進行四年或十年的培訓，短的有暑期班、週末班。主要的授課時間安排在耶誕節、藏曆新年和耶穌復活節這幾段，因爲這是西方人休閑的最佳時間。中心教學開放，學風自由，吸引了很多的西方人士。學員中不僅有英國人，還有歐洲各國、美國、加拿大、日本等國籍的人。

此外，中心還培訓精神治療、按摩、美術和工藝品製作等方面的人員。同時建立唐卡、雕塑、藏毯、木刻、印刷、製陶等手工作坊，一方面作爲西方人瞭解藏族文化的窗口，一方面也保存了藏族文化傳統。

要維持這樣一個中心，需要很大的經濟來源。因此中心也擁有自己的餐廳、咖啡館、小賣部、農場、牛奶場、洗衣店等，教學活動也收取一定的費用。但最主要的經濟來源還是各方面的捐贈。

康藏之家則是由其美仁波切於一九七三年十一月十日成立的，地點在倫敦。成立之時，恰逢錫金王子在英國訪問，其美仁波切便邀請王子參加揭幕典禮。建立康藏之家的目的就是要「淨化」西方人士疲憊的身心，爲他們提供一個遠離塵市喧囂的好去處。康藏之家一成立，確實吸引了眾多的英國人。隨著愈來愈多的人湧人康藏之家，其美仁波切便決定在大倫敦區設立兩個分支機構：瑪爾巴研究所和羯磨曲林，以減輕康藏之家的壓力。

寧瑪派：寧瑪派得以在歐洲傳播，首先要歸功於一個比利時藏傳佛教徒。他爲佛法所吸引，來到印度大吉嶺的寧瑪派寺院烏金貢桑曲林，拜寺主甘珠爾活佛爲師，並由甘珠爾活佛取了一個法號「貢桑卻吉多傑」。貢桑卻吉多傑從佛法中找到了他的精神支柱，立下志願要把美妙的佛法帶給他的比利時同胞。他向甘珠爾活佛談了他的想法，深得活佛的支持。

於是在一九七三年，貢桑卻吉多傑在比利時首都布魯塞爾的利武爾訥創立了一座寧瑪派寺院，名字也叫烏金貢桑曲林。這是寧瑪派在歐洲建立的第一座寺院。從此，寧瑪派以此爲基地，開始了他們在歐洲傳播和活動的歷史。

隨後，寧瑪派在歐洲建立了一系列的寺院，寺院的名稱都叫烏金貢桑曲林，英國的倫敦、法國的巴黎、索萊耶、瑞士的日內瓦、希臘的雅典等地都留下了貢桑卻吉多傑的身影，他的門徒愈來愈多，寧瑪派的聲譽也愈來愈響。

法國南部的卡斯特朗市也有一座烏金貢桑曲林。它是貢桑卻吉多傑的門徒建立的，這座寺院地處河谷，占地面積達一百二十公頃（近二千畝）。寺院一依西藏的式樣，有城堡、經幡，並且還有一座藏式的水磨。這是一種裝有經文的水磨，水磨一轉，經文也隨之轉動，表示你在念經積德，就如同你手中旋轉的嘛呢輪一樣。

英國倫敦的烏金貢桑曲林，是一位年輕的喇嘛——索嘉仁波切主持的。索嘉是著名的降央·康孜仁波切之子。深研各派佛法教理，後來又在西方接受教育，精通英、藏文，而且善於講經說法，深得信徒們的尊崇。該寺主要教授坐禪技術、菩提道、瑜伽等方面的內容。

爲了擴大寧瑪派在歐洲的影響，各地的烏金貢桑曲林，經常邀請大吉嶺烏金貢桑曲林的活佛和不丹的寧瑪派活佛到歐洲傳法、修習，並且以比利時爲中心，出版有關的書籍、定期刊物等。

格魯派：格魯派在八〇年代末所發生的一件事，一下子轟動了西方世界，格魯派高僧土登耶喜活佛竟然轉世到西班牙一個佛教徒的家中，從此耶喜活佛和他的西班牙靈童成爲西方人士關注的焦點（這方面的內容，請參閱〈西方人的精神之友〉和〈心靈的延續〉兩章，在此略而不述），而耶喜喇嘛正是格魯派在歐洲傳播的主力，他最大的貢獻就是創立了文殊師利佛學院。

文殊師利佛學院位於英國北部烏韋斯頓（Ulverston）兩英里處的一座十九世紀修道院內。該地瀕臨莫利坎海灣（Morecambe），是一處占地七十英畝、林茂草豐的迷人之地。土登耶喜活佛相中了這裏寧靜的氣氛，便於一九七六年在此創立了文殊師利佛學院。寺院現在的負責人是格桑嘉措格西和江巴德曲喇嘛。自從土登耶喜活佛圓寂以後，梭巴仁波切便成爲該院的精神上師了。

文殊師利佛學院的課程分四種。（1）短期課程。只有一次周末到兩星期的課程，這是爲適應繁忙的英國人而設置的。（2）學期課程。這是供讀博士學位和文憑的學生選修的課，範圍較廣。（3）博士課程。兼有東西方的特色，既保留藏族寺院的傳統教學，又適應西方學生的需要，其主要目的便在於吸引西方人對佛教哲學和禪定等做深入的探究，時間一般是五至十年。完成以後，可以獲得相當於藏傳佛教傳統學位的格西稱號。（4）文憑課程。一般三年，只研讀一般性的佛教課程。

這樣完備的教學在歐洲整個藏傳佛教圈內並不多見，從而也顯示出格魯派力量的雄厚和耶喜活佛非同一般的遠見。

爲了使倫敦市區的修習者有機會參與格魯派每週的佛法講座、坐禪、定期討論會等活動，文殊師利佛學院在倫敦還設立了「倫敦中心」。

文殊師利佛學院已成爲格魯派在歐洲的代名詞。

薩迦派：歐洲的薩迦派遠沒有噶舉派、寧瑪派那麼興盛。就連英國也只有一個薩迦派佛法中心支撑著「門面」，它就是亭列仁欽林。

亭列仁欽林是以創立者的名字而命名的。亭列仁波切於一九七七年在布里斯托爾創立了英國唯一的一座薩迦派坐禪中心。

提起亭列仁波切，西方修習藏傳佛教的人倒是無人不知。因爲聞名於西方的《西藏十六世噶瑪巴史》便出自他的筆下。除此之外，他還著有《薩迦派指南》等書。亭列仁波切既注重佛法的理論和實踐，也加强藝術方面的訓練，譬如他就開辦了「文殊師利藝術和工藝」等課程。

亭列仁欽林有專門的通訊和佛學季刊，報導他們的動態。如果誰對他們的情況感興趣，寫信向他們索取有關的資料，他們就會及時把資料送到您的手中。

播撒福音的人

在你眼前呈現出一片從未有過的深邃天空時，你會充分地汲取到一種文化的精髓。

提起曲揚・仲巴仁波切（**Chogyam Trungpa**），眞是有人讚來有人恨。稱讚他的人說，仲巴是一個傳奇性的人物，藏傳佛教之所以風靡歐美，其功不可沒也。他脫下「僧袍」，同化於西方社會的價值體系，用西方人的思維方式去講解、闡釋藏傳佛教，因而贏得眾多西方弟子的厚愛。恨他的人卻認爲，仲巴酗酒過度，引起許多傳統藏傳佛教徒的深深不滿。如今，仲巴仁波切已復歸極樂世界，他的轉世正在繼續履行他神聖的職責：在西方世界裏傳播藏傳佛教。我們縱觀他的一生，也許能從紛紜的舌戰中找到自己的立足點：仲巴仁波切無愧於他的藏傳佛教西傳事業。

出家・入世

仲巴仁波切一九四〇年出生在西康一個窮苦的家庭。一生下來，便因其靈異超群，而被確認爲十一世仲巴・都爾庫的轉世靈童。他一周歲零兩個月時，便被正式稱爲十二世仲巴・都爾庫，並迎入蘇芒寺，當上了蘇芒寺的主持。

仲巴先是由噶舉派首領噶瑪巴授沙彌戒，然後師從噶舉派高僧倫巴多吉（**Rolpa Dorje**）、第十世仲巴・都爾庫的徒弟噶瑪丹增（**Karma Tenzin**）等人，學習佛教戒律、書法、繪畫、舞蹈等各方面的知識。

九歲的時候，二世蔣貢康楚・欽哲歐澤邀請仲巴仁波切到蘇芒寺參觀。仲巴深爲他的修行功夫所吸引，因此之後一直以他爲坐禪師父，學業方面則以崗夏堪布爲師。經過嚴格的苦修苦讀，他對藏傳佛教各派的教義都有了廣泛而深入的瞭解，尤其在坐禪方面的功夫達到很高的境界，爲他以後在西方傳播藏傳佛教打下了堅實的基礎。不到二十歲，他就獲得了格西學位，這和西方的神學博士相當。

一九六三年，他在印度待了四年之後，獲得了斯幫爾丁倡議者（**Spaulding sponsorsship**）的資助，赴英國的牛津大學深造。

在著名的牛津大學期間（一九六三—一九六七年），他大大地開了眼界。在他的眼前呈現出一片從未有過的深邃天空，他充分地汲取西方文化的精髓。四年中，他研習了比較宗教學、心理學、藝術、西方文化等諸如此類的課程，使他不僅掌握了在西方傳播藏傳佛教的工具——英語，同時也對西方文化有了較深入的瞭解。他看到了在物欲橫流的西方世界傳播精神食糧的廣闊前景，「我要把藏傳佛教帶給西方世界，向他們展示藏傳佛教的魅力所在！」這樣的念頭愈來愈强烈。

於是，一九六七年仲巴仁波切來到了蘇格蘭，與阿貢喇嘛一起在約翰・斯通之家（**John stone House**）建立了桑耶林藏傳佛教坐禪中心。仲巴仁波切想藉由這座以藏傳佛教第一座寺院——桑耶寺爲名的坐禪中心，向西方人提供藏傳佛教的坐禪技術，修習佛法，以填補他們精神世界的混亂與空虛。他的教學方法很開放，學生們來去自由。他知道在强調個性的西方，强迫性教學是沒用的，他要讓西方人自動而心甘情願地接受藏傳佛教。他嘗試著把藏傳佛教和西方人的特點結合起來，他成功了。他的成果充分顯示在《生於西藏》（**Born in Tibet**）和《行動坐禪》（**Meditation in Action**）二書中。

但他一直有一種感覺：做一個藏傳佛教的「上師」和聖人，對他來說是一個很虛幻的角色，如果他做一個實實在在的「俗人」，他一定會做得更好，也更眞誠，更有利於他在西方傳播藏傳佛教。這種感覺於一九六九年他在印度閉關修行期間變得愈來愈强烈，而同年發生的兩件大事，更加促使他「脫下了僧衣」，選擇「俗人」生活。

這兩件事都發生在他返回倫敦後不久。第一件是一九六九年五月，一場飛來的車禍，使他半身癱瘓。一件卻是與之截然相反的喜事，一九七〇年初，他贏得了一位英國少女——名叫迪安娜・朱迪斯・皮布斯（**Diana Judith Pybus**）的高中生的青睞，元月份他們便結爲秦晉之好，成爲一名眞正的「俗人」。也許是他從聖人到俗人的角色變化得太快，就連他的不少西方弟子——所謂的「上師的擁護者」也大惑不解。於是，在桑耶林藏傳佛教噶舉派坐禪中心掀起了一場軒然大波。這場風波的最直接的結果便是：仲巴離開了蘇格蘭，來到了美國。誰知他的這一變更，竟然爲藏傳佛教在西方的傳播開創了新局面。

一九七〇年五月，仲巴風塵僕僕地抵達了美國。此時，他的心情並不樂觀，歐洲的此番遭遇，使他的心一下子涼了許多，美國佬會怎麼對待他呢？會不會……。出乎他的意料，美國佬竟然張開雙臂熱烈地歡迎他的到來。因爲美國更年輕，他的文化更多元化，他更允許異文化的存在，加之已經有藏傳佛教的先驅者爲他作了鋪墊……。於是，在短短的幾年間，他的身旁便擠滿了藏傳佛教的擁護者。

一九七〇年，他的成果便很輝煌。他剛到美國不久，便在佛蒙特州北部的青山創建了噶瑪曲林佛教坐禪和研習中心，它有一個美麗的別稱：「虎尾坐禪中心」。十一月，他又在科羅拉多州的鮑爾德（**Boulder**）創立了噶瑪宗坐禪中心。這個中心規模較大，能容納近千名修習者。中心分兩部分，一部分在城區，用作坐禪、工作、住宿等活動；一部分則在郊區。克林思要塞西北約五十英里處的洛磯山佛法中心（**The Rochy Mountain Dharma Center**），這是一處占地四百平方英里環境優美的多山地帶，極適宜坐禪、修行。

從此，仲巴以這個坐禪中心爲基礎，在美國穩紮穩打，很快使他的藏傳佛教坐禪中心在美國全面開花，在許多大城市都設有這樣的坐禪中心。他主持的宗教組織，主要分兩個部分，一個爲金剛法界，另一個是那爛陀基金會。下面的敘述，將展現出他不斷奮鬥的軌跡。在他圓寂的前一年（一九八六年），他還創立了美國佛教會議（The American Buddhist Congress），一個團結美國三四百萬佛教徒的領導者的全美組織。

金剛法界

一九七三年，仲巴創設了Vajradhatu，即金剛界。金剛界的意思是想表明他的僧侶集團固如金剛一樣。他成立金剛界的目的，在於爭取並聯絡愛好藏傳佛教的人，形成一個有效的宗教團體，並進行一系列的宗教活動。

到現在爲止，金剛界已成爲歐、美、日本和南非等一百多個藏傳佛教研修中心的國際協會。在國際上有三個總部，一個即在美國科羅拉多州的布林頓，一個在德國的墨爾本，一個在加拿大的諾瓦斯科夏省的哈利法克斯市。前兩個設得比較早，後一個是一九八五年才設立的。

金剛界下轄十來個部門，前面所說的坐禪中心都是它的下屬機構，其他還有佛法研討班、法界等。功能齊全，既有各種訓練坐禪技巧的中心，又有用作隱居之處的理想環境；既有短時間的培訓，也有長期訓練的計劃；既學習藏傳佛教坐禪、修習藝術，也可學到各種具有藏族特色的手工藝、繪畫等。下面向我們展示的，便是他的金剛界組織結構。

金剛界的組織結構（附結構表）

1. 噶舉派佛教坐禪中心（Karma—choling），亦即前面提到過的「虎尾坐禪中心」。主要用來訓練坐禪技術，此爲納羅巴佛學院心理系學生的必修課，他們要在此接受爲期四個月的訓練。

2.噶瑪宗（karma Dzong）。是金剛界的總部所在地，一九七三年設立，位於科羅拉多州的布爾頓。總部共設供五百人坐禪用的場地、會議室和演講廳等設備。很多學生從四面八方匯集於此，藉機接近仲巴並聆聽他的佛法。

3.洛磯山佛法中心（Rocky Mountain Dharma Center）。建於一九七一年，占地三百四十五英畝，西部毗鄰科羅拉多州的克林斯要塞，環境優美，是個理想的隱居地。中心爲短期訓練計劃、一個月長的退隱及個別隱居活動提供方便。

4.蓮花宗（Padma Jong）。位於加州的多斯・列斯（Dos Rios），占地二百七十四英畝，是一個學習手藝和藝術的所在地，內容包括從修習佛法到各種藝術形式等。

5.金剛神鷹退隱中心（Dorje khyung Dzong）。一九七四年創立，位於洛磯山區的胡爾法挪（Huerfano）谷地，只有吉普車才能抵達這裏，因此只作隱居之用。

6.金剛界研討會（vajradhatu Seminary）。始創於一九七三年秋，此後每年秋季舉行，爲期八十天，進行佛法研究和坐禪實踐，由仲巴的資深徒弟講授。仲巴在該研討會上也講授有關金剛乘佛教的理論和實踐。

7.法界（Dharmadhatu）。它是一個以都市爲中心的分支機構，遍佈全美各地，以便各地區喜歡藏傳佛教的人就近研習、實踐。主要的分支機構有柏克萊、芝加哥、聖莫尼卡、布萊思烏德、舊金山、波士頓、帕洛阿爾托、伯林頓、聖巴巴拉、紐約、華盛頓、奧斯汀等小組。

8.金剛界錄音（Vajradhatu Recordings）。把仲巴在公開演講、研討會和納羅巴佛學院中講授的佛教理論與實踐的話錄成卡式錄音帶，銷往各地，一來可以宏揚佛法，二來可以增加收入，可謂一舉兩得。

9.編輯部（Editorial Department）。主要編輯出版兩種刊物，一種叫《神鷹》（Garuda，印度的一種神鷹名），雜誌的作者多為仲巴的學生及一些著名學者，其中的短篇則多為仲巴親自動手寫成的；一種叫《金剛界太陽》（Vajradhatu）雙月刊的報紙，主要刊載僧伽團體的動態。

10.金剛護衛（Dorje Kasung）。一九七四年成立，是金剛界裏一個自願者服務組織。如果加入這個組織，他就得不計報酬地為各種公益或個人服務。例如對不同社團進行安全需要的訓練、對社區危機的干預、提供傳統禮儀的服務、幫助配備公共設施，或者協助個人完成各種事務等。

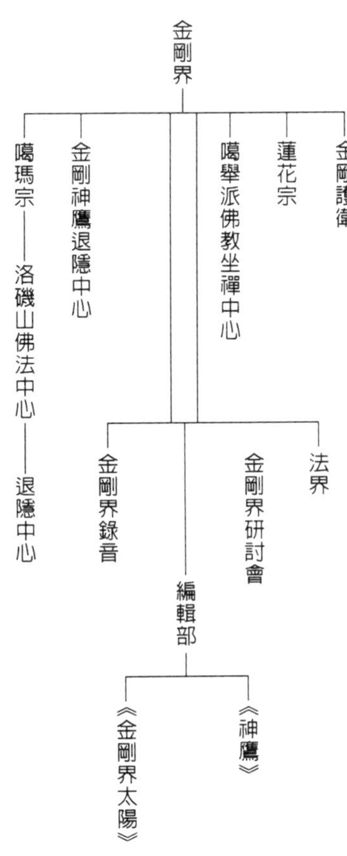

那爛陀基金會（Nalanda Foundation）

那爛陀原是古印度摩揭陀國王舍城一座著名寺院的名稱，以其規模宏大、學僧眾多而聞名於佛教界。那爛陀，梵文的意思是「不厭其煩的施捨」。如此，仲巴設立那爛陀基金會的目的也就不言而喻了。這個一九七四年設立的基金會是一個非營利性的、不分教派的教育機構，進行哲學、宗教、藝術等領域的組織研究，藉以融匯東西方傳統藝術，從藏傳佛教中汲取智慧，得到戒律的訓練。

在那爛陀基金會的名下，同樣有不少的機構：

1.納羅巴佛學院（**Naropa Institute**）。創建于一九七四年的夏天，位於科羅拉多州的布爾頓，是一所富有創新精神的文科大學。首批學生即有一千八百名，此後每年夏天有一千多人入院上課。納羅巴佛學院設立大學部（即學士班）和研究所（碩士班）。大學部設有舞蹈、戲劇、佛學、佛教藝術（即唐卡繪畫）等科系；碩士班設有佛學、佛學與西方心理學等科系。學院有自己的學報，名叫《洛嘎》。後來於一九八五年，在加拿大設立了納羅巴學院的分院，開設佛教哲學、藝術、教育等方面的課程。

2.慈愛醫療社區（**Matri Therapeutic Community**）。一九七二年，仲巴創設了慈愛中心（**Maitri Center**），位於紐約的溫達勒（**Wingdale**）。以傳統的醫療方法和現代的心理療法相結合，爲精神異常的人服務。後來，這個中心便被位於康乃迪克州的慈愛醫療社區所替代。這是一個占地九十英畝的農莊，在這裏，充分運用佛教心理學的坐禪、空間察覺技術等治療精神病人。

3.曼陀羅戲劇班（**Mudra Theater Groups**）。一九七二年建，它把古老的藏族舞蹈、戲劇藝術和西方現代的方法相結合，創作了一批從古典到前衛的戲劇節目。目前，它在紐約、舊金山、柏克萊等地都設有分文機構。

4.阿賴耶幼稚園（Alaya Preschool）。一九七五年建於科羅拉多州的布爾頓。

5.維達雅小學（Vidya Elementary school）。同樣建在科羅拉多的布爾頓，分四級。

6.那爛陀翻譯委員會（Nalanda Translation Committee）。一九七五年設立，是一個由梵、藏學者組成的團體，主要從事藏族傳統名著和宗教著作的翻譯工作。他們已經翻譯出版了《智慧之雨》，這是一本關於藏傳佛教噶舉派偈頌詩的簡編，由香巴拉出版社於一九八〇年出版。一九八三年，他們又譯了《瑪爾巴譯師傳》。翻譯工作蒸蒸日上。

7.香巴拉訓練（Shambhala Training）。這是仲巴仁波切於一九七六年推出的一項向普通公眾提供默禱的非宗教性計劃。香巴拉是佛教傳說中北方的一個理想古國——周圍有雪山環繞，中間有一座大城，城內有王宮、果園、佛教徒修法的壇城，城裏的人都具有一種覺醒的心境。因而香巴拉便成了理想國的代名詞。香巴拉計劃提出一個任務：怎樣通過那些尙武而勇敢的途徑來磨練一般人生活中所固有的智慧和尊嚴。目前，香巴拉計劃在西方世界中的推行已不下三十六個城市。

當然，在那爛陀基金會的名下還有一些其他部門，諸如香巴拉馴馬學校（一九七九年設）等，就連日本的茶道、花道等方面的技藝也囊括在他的基金會中。可見，那爛陀基金會不僅僅是向西方人展現藏傳佛教文化藝術，同時也展示了東方其他民族的智慧創舉。

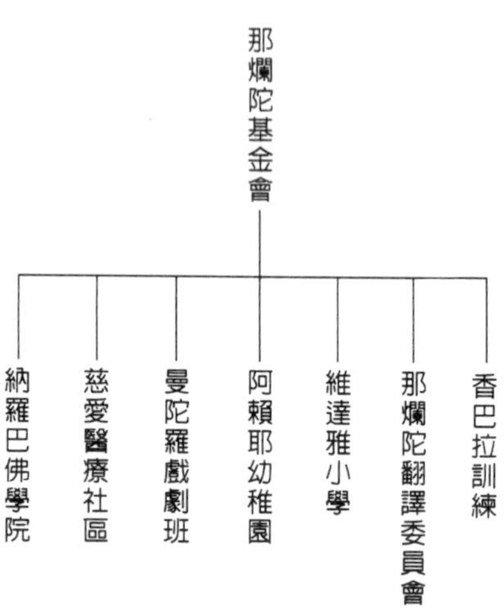

「福音書」

在西方傳播藏傳佛教，和在雪域高原上的傳播截然不同。藏傳佛教早已在高原黎民百姓中深深地紮下了根，由著他們的虔誠，藏傳佛教一代代地延續下來，顯示出它旺盛的生命力。可是在西方世界的芸芸眾生中，對東方宗教的瞭解僅有一鱗半爪的知識，有的甚至一問三不知。在這種環境下要宏揚藏傳佛教，除了靠藏傳佛教高僧們的身體力行外，著書立說同樣佔有很重要的位置。

想當年，「基督」傳播福音的時候，信徒們著書立說，匯成新舊約全書，成爲基督教的聖旨玉律，指引著西方世界的精神方向。擔負藏傳佛教西傳使命的高僧們，也早已認識到這方面的無限潛力，於是紛紛著書立說、現身說法。這其中，仲巴仁波切同樣也是當之無愧的急先鋒。無論是在他生前，還是圓寂後，他的著作已成爲西方世界的搶手貨，成爲指導西方世界的人們研修藏傳佛教的必讀書目。

仲巴的每一本著作幾乎都可以在歐美的許多國家中找到，且不說美國、英國、法國、德國、義大利等，就連芬蘭、丹麥、荷蘭、西班牙、葡萄牙等小國也都有仲巴「福音書」的蹤影。「福音書」所到之處，便像極具生命力的種子一樣，使藏傳佛教之花開遍各國，藏傳佛教也因此多了些生力軍，增加了無法估量的新鮮血液。下面羅列的十幾種，僅是他的「福音書」的部分。

1.《行動坐禪》（**Meditation in Action**），一九六九年版。

2.《手印》（**Mudra**），這是他一九五二—一九七一年的藏傳佛教詩選，一九七二年版。

3.《精神唯物論剖析》（**Cutting through Spriritual Materialism**），一九七三年版。

4.《怛特羅的黎明》（**The Dawn of Tantra**），和赫伯特·貢塞爾（**Herbert Guenther**）合著，一九七五年版。

5.《阿毗達磨一瞥》（**A Glimpse of Abhidharma**），金剛界出版社一九七五年版。此後再版于香巴拉出版社。

6.《西藏度亡經》（**The Tibetan Book of Dead**），和弗蘭西斯科·佛萊芒特爾（**Francesca Fremantle**）合譯，一九七五年版。（後面有專章介紹）

7.《視覺佛法》（Visual Dharma），這是一本關於藏傳佛教藝術的書，初版於一九七五年。

8.《智慧之雨》（The Rain of Wisdom），與那爛陀翻譯委員會合譯，一九八〇年版。

9.《無目的之旅》（Journey vithout Goal），一九八一年版。介紹佛教怛特羅的智慧。

10.《瑪爾巴傳》（The Life of Marpa），與那爛陀翻譯委員會合譯，一九八二年版。

11.《道路即目標》（The path is the Goal），這是一本關於藏傳佛教坐禪的指導手冊。書中認為，坐禪實踐是獲得精神安逸的唯一途徑。沒有它，既無路可出，也無路可走。它告訴你，坐禪就像每天刮鬍子一樣，把不必要的鬍子刮去，人就顯得精神。

12.《狂熱的智慧》（Crazy Wisdom），這是一本關於清新、覺醒狀態之下的精神透視。它告誡人們，精神實踐並不能對痛苦、混亂等以舒適的回應，但卻能提供理解痛苦的能力。它强調，改變角度，就會有新的發現。

13.《佛陀之心》（The Heart of the Buddha），仲巴在書中介紹了佛教教義是如何在日常生活中運用的。

14.《幻覺的目標——納羅巴的生平和教義》（illusion′s game——The Life and Teaching of Naropa）。

15.《獅之吼——怛特羅簡介》（The Lion′s Roar An Introducftion to Tantra），仲巴用現實的比擬來介紹古老的教義是怎樣融入現代生活中的。

16.《修身養性培養友愛》（Training the Mind and Cultivating Loving——kindness），在書中仲巴仁波切摘取了佛教教義中五十九條關於修身、覺心、培養友愛的修習方法，强調在任何環境下，應該用智慧和同情心面對日常生活狀況。

17.《超越瘋狂》（Transcending Madness），書中介紹了六個中陰的經歷。仲巴仁波切認爲六道和人的六種情緒狀態有密切關係。天代表祝福；非天代表嫉妒、渴望歡樂的人；人代表激情；畜牲表示漠視；餓鬼表示貧窮、佔有；地獄則象徵憎恨、生懈。

18.《有序的混沌》（Orderly Chaos），介紹了曼陀羅的原則。

仲巴仁波切的書，無論是他寫的，還是翻譯的，都貫穿著這樣一條主線：把藏傳佛教的精髓用現代的語言、西方的方式推向西方世界。語調活潑而不拘謹，敘述生動，把西方人帶進了一片精神樂園之中，讓他們感知、瞭解藏傳佛教，從而自覺地投入佛陀的懷抱，以完成其在西方世界弘揚藏傳佛教的宏願，讓西方人享受另一個蔚藍的天空。

他的「福音書」所以能夠大量而迅速地推出，在很大程度上要歸功於他的宣傳陣地——香巴拉出版社。沒有香巴拉出版社這個左膀右臂，仲巴仁波切的事業可能會暗淡許多。香巴拉出版社出版了仲巴仁波切的大部分著作，現在仍不斷地再版他的著作。香巴拉出版社有一句「座右銘」——我出現在哪裏，就應該成爲那裏最好的出版社。

香巴拉出版社自一九七二年創辦到現在，出版的有關佛教、禪宗、藏族文化藝術、藏傳佛教高僧等方面的著作已有數百種。

香巴拉出版社的許多書是以叢書形式推出的，每一套叢書都有自己的特點。例如，袖珍典籍叢書，每一本書的定價都是六美元，主要介紹東方文化的精髓。下面介紹其中一部分書目：

1.《關於佛與禪的夢囈》

2.《禪的本質——自由的科學》
3.《太極精髓》
4.《戰爭藝術談》
5.《重新塑造自己》
6.《性、健康與長生——道教實踐手冊》
7.《和平之藝——Aikido教義》
8.《孫子兵法》
9.《回歸原始——「道」的顯示》
10.《茶道》
11.《蓮花生——佛陀言行錄》
12.《自由、愛、行動》
13.《道德經》
14.《夢境》
15.《坐禪》

香巴拉「龍」系列叢書則主要介紹佛教、藏傳佛教方面的書籍，仲巴仁波切的書大部分在此系列之中。

1.《覺者——佛陀本生傳》
2.《菩薩的同情》

3.《精神唯物論剖析》

4.《寶鬘——慧能言行錄》

5.《走進平靜——佛經及其教義簡介》

6.《禪之精髓——自由的科學》

7.《心觀之歷——佛教禪定指南》

8.《黑暗中的一線曙光——菩薩道生活指南》

9.《觀禪——自由的實踐》

10.《蓮花生傳奇》

11.《自由的神話和禪思之道》

12.《復歸平靜——日常生活中的坐禪》

13.《尋求智慧之心——心觀之道》

14.《香巴拉佛教和禪辭典》，收集一千五百條辭目，是目前英語同類著作中較爲完備的一部專門關於禪的辭典。

15.《西藏度亡經——中陰聞教得度》

另外有專門介紹哲學書籍的榮格基金會叢書（G. Jung Foundation Book）、介紹佛教書籍的法海叢書（Dharma Ocean Series）、專門爲小朋友們準備的小赤足叢書（Little Barefoot books）。當然，還有許多書沒有列入叢書系列，是以單本形式推出的，其中也有不少關於藏族文化、佛教史和藏傳佛教方面的書

籍，譬如《西藏文化史》、《西藏民間故事》、《天鵝怎樣飛到湖上——美國佛教史》、《米拉日巴傳奇》、《無雲的天空——藏傳佛教噶舉派教義》等等。

下面給讀者重點介紹兩本書。一本是《啓蒙之旅》，一本是《友愛——幸福之藝的革命》。

《啓蒙之旅》是藏傳佛教高僧土庫・頓珠（**Tulku Thondup**）的著作，書的副標題爲「佛教在日常生活中的實踐」。書中收集了土庫・頓珠從未發表過的十五篇文章和講演稿。這是一本指導人們在日常生活中遭遇挫折時，不管是外在的還是內部的，怎樣改變形勢，進行精神訓練和歷程的手冊。它的主要內容有：⑴坐禪——激起同情心的手段；⑵在收穫時，痛苦爲什麼比幸福成爲一個更有力的手段；⑶聖地、聖廟、聖像、聖書和其他精神偶像的象徵意義；⑷作爲教義、啓示源泉的藏傳佛教藝術之宗教意義；⑸關於死亡和死後狀態的指導；⑹關於大圓滿法初級訓練的評注。

從這些小標題中，我們能感受到作者力圖達到的目的：西方世界的人們能從藏傳佛教的有關教義中獲取精神上的放鬆和解脫。如坐禪、如中陰、如大圓滿法，在以後的敘述中，我們會對這些教義作專門的介紹。

而《友愛——幸福之藝的革命》（**Loving kindness—The Revolutionary Art of Happiness**），則是一位美國的女佛教徒，被譽爲美國人的精神導師之一的夏龍・薩爾茲貝格（**Sharon Salzberg**）用她親身的經歷向人們展示她豐富的人生之旅，和獲得幸福的法寶——友愛。夏龍早在二三十年前就開始了坐禪實踐，後來創建了麻塞諸塞州貝勒市的坐禪實踐協會，並到世界各地的佛教坐禪中心講授她的體驗和感受。

在這本「激動人心」的書中，夏龍向人們展示了佛教的友愛之道，是怎樣幫助我們發現隱藏在我們每個人身上固有幸福之心。她指出，這裏的友愛和一般意義上的幸福不同。一般所謂的幸福是兩種因素引起的結果，或者是我們得到所需的，或者是避免了我們不喜歡的，這種幸福是短暫的，而且有其不利的一面：無止境的不斷地企望和對失去永遠害怕。而友愛的幸福並不依賴於企圖去改變什麼、發明什麼東西，或是仰仗於企圖征服那些在我們控制力之外的東西。

而現代世界的人們過分執著於傳統意義上的幸福，因此，我們現在要做的是徹底改變這種意識、想法，我們自然而然地生活，沒有故作深沈的思想、沒有無望的努力、沒有高度的自我意識，幸福便這樣充盈在奮鬥和追尋的過程中。友愛的獲得既是一種釋放，又是一種裂變。

夏龍用西方人所不太了知的佛教教義、佛教的智慧故事，指導他們進行坐禪實踐，她用自己二、三十年的經歷告慰我們，每個人都能獲得友愛的幸福，一旦獲得友愛的感覺，它就能夠逐漸改變我們的生活，幫助我們找到自身眞正幸福和對他人的眞正的同情心。

夏龍的書在西方世界引起了轟動。有人讚譽：這是一本簡潔易懂、充滿樂趣、改造世界的常識型手冊——從我們自己的生活開始。無論是誰，看過此書的人，都禁不住熱淚盈眶，從而堅信：世界是美好的，我從現在的一點一滴做起。

佛塔的啓示

藏傳佛教噶舉派高僧迪安格・康孜仁波切曾經說過：「當一個偉大的阿闍梨（導師的意思）涅槃後，他的軀體將不復存在，但爲了顯示他的精神以永不變化的方式永駐於眞身，人們便建造佛塔以作佛陀精神的象徵。」仲巴便是如此。一九八七年四月，仲巴仁波切圓寂於加拿大的諾瓦斯科夏省的哈利法克斯市。爲了紀

念這位獻身於藏傳佛教西傳事業的傳奇性人物，他的朋友和弟子們選擇了始創於釋迦牟尼時代的佛教傳統——建立佛塔，用這種方式表達他們最誠摯的敬意，同時又向西方信徒們宣告：仲巴仁波切並沒有走，他永遠留在你們的身邊。於是，一座高大的佛塔在科羅拉多州的洛磯山佛法中心拔地而起，它的名字就叫「達摩卡亞大佛塔」，意思即法身大佛塔。

據說，釋迦牟尼在他即將涅槃之前，命令他的弟子把他的軀體火化，將他的骨灰和舍利放進佛塔裏的龕內，這樣信徒們可以參觀佛塔，虔誠地膜拜它。釋迦的弟子便告訴信徒們，這樣做就等於重溫了佛陀的教誨。從此，佛塔便如雨後春筍般在各地生根、發展。

佛塔，在梵文中叫「窣塔婆」，意思就是「堆積」或「積聚」，最早是指形狀如山的塔。藏語裏，「窣塔婆」還有一個意思，專門指「淨土」、「放置佛龕的地方」。佛塔的功能是想像不出的多：能促進和諧、繁榮、長壽、健康、和平，使人擺脫愚昧；更甚者，佛塔能克服害怕、腐敗和墮落，賜福於它們的所在地、建造者和朝拜者。難怪，佛塔成了佛教的主要標誌了。

而放置了阿闍梨遺物（骨灰、舍利等）的佛塔，它的象徵意義就更非同一般了。它既是阿闍梨的紀念塔，又是阿闍梨完美的化身和覺醒狀態的模式。在佛教徒看來，阿闍梨身體的每一個組成部分都充滿了啓發，因此，即使他圓寂火化後，他的遺物仍然是神聖的。因爲只有他們身體的精華部分才能留下，舍利就是這樣的。

佛塔既然是阿闍梨完美的化身，信徒們在朝謁佛塔時，就有可能「遇見」阿闍梨。但這種機遇並非人人可得，非虔誠之心不能見。如果「遇見」了阿闍梨，信徒們便會從心底湧出一股莊嚴而敬慕的心態，從而得到賜福。

達摩卡亞大佛塔座落在洛磯山佛法中心，塔基是一塊位於大溪谷上游末端的草場。環境幽靜，有三條小溪流經草場。草場再往上，便是陡峭的山崖和專門的靜修區了。塔址是由第十六世蓋娃・噶瑪巴選定的，佛塔則是由迪安格・康孜仁波切監造的。

塔高一百英尺，共分三個部分，底部是由四十八英尺見方的帶有門樓梯及四通八達的通道組成的塔基。塔基內有一座長寬各三十三英尺、高二十四英尺的佛殿，佛殿的中央安放著一個高大的銅佛，仲巴仁波切的遺物、聖骨等就放在銅佛的「肚子裏」。佛殿裏的佛像、壁畫很多。前十世仲巴活佛的塑像是佛殿裏主要的供像。殿內的壁畫也以人物像爲主，十六世蓋娃・噶瑪巴、迪安格・康孜仁波切等也忝列其中。佛殿是全方位開放的。

通過內部的樓梯，便到了塔的第二層。第二層同樣有一座佛殿，只是略小於底層。殿高十四英尺，長寬各二十四英尺。殿裏有一個立體的壇城，殿內的四周也佈滿了雕像、唐卡、壁畫。這座佛殿不向遊人開放，只用於舉行重大的宗教禮儀活動。

塔的第三部分是一個瓶狀、圓形的佛殿，直徑十九英尺，高十六英尺。殿內有金剛薩埵的雕像、仲巴仁波切的聖物等。第三部分的頂端是塔尖：十三法輪代表光明的場所，再上面是金製的月亮、太陽和寶石環繞。月亮代表班禪，太陽表示達賴喇嘛，寶石則象徵空間和全知的意識。

塔內隨處可見的是一種叫「擦擦」的陶製小佛塔。小佛塔裏裝的是最珍貴的仲巴仁波切的骨灰，也有其他阿闍梨的聖物、聖骨等等。它讓您一進入達摩卡亞大佛塔，便感受到大佛塔的精神食糧作用——賜福人民。

按照佛教的說法，佛塔的形狀便代表著佛陀頭戴玉冠，以調解的姿勢坐在獅子寶座上。例如塔尖的頂部是王冠，塔尖底部的方形物是佛陀的頭部，佛陀的身體是瓶狀形的，他的腿是平臺的四個臺階，底部則是它的寶座了。

從佛教理論上說，佛塔也是有講究的，它象徵宇宙中的五大元素和精神的關係，塔的底部表示地球，與之相應的精神是平靜；塔的拱頂表示水和永恒；塔尖表示火與同情；塔尖之上表示風和所有成就的作用；最尖頂是代表寶石和意識的空間。

在美國建造這樣一個規模較大的藏傳佛教佛塔，所引起的迴響和轟動是難以估量的，東方宗教和文化的潛移默化的「威力」已初步顯示，它表明了藏傳佛教在美國的更快發展。無論是學坐禪的人，還是一般的「遊客」，來大佛塔領受一番的，都能感受到精神上的「賜福」。經歷了心靈的滌蕩，受了「洗禮」的人們帶著平靜的心又投入到滾滾紅塵中去了。

西方人的精神之友

佛法不是一樣使你舒服的東西，它應該是震撼！

—耶喜喇嘛—

誰能作上師？

要求得精神上的解脫，必須通過體驗，也就是佛書上所說的體證。這時，就很有必要有一位精神導師。藏傳佛教認爲，一般人只有借助他人的幫助，他的意識才能覺醒，取得眞正的進步。但這個「他人」必須是一位功德高深、資格頗老的人，在藏傳佛教中便稱爲上師（guru）。他的行爲、知識，他的心靈的明澈，他的智慧和憐憫心必須能夠使他不僅作爲一個導師，而且還成爲活生生的獲得徹悟的榜樣，是模範型人物。上師並不能把他們的智慧轉送給弟子，但是當他們講經說法的時候，他們那超越一般語言意義的話語能夠打動和點化弟子。這就好像一把鑰匙，突然間點撥了弟子內心本性的感覺之門，他的視野一下子開闊了許多。和上師的每一次接觸，都能夠使意識之光得到擴展。上師是完人的典型，是至高無上的導師的原型或佛性的象徵，受上師的指點，弟子的心靈不斷進化，直到上師的形象和他們自己合爲一體——上師不在他們身外，而是在他們的心中，也就是他們的本性。

上師好比人的「精神之友」，在許多方面有相當的作用。西藏十一世紀時的崗波巴（Gampopa）大師就以生動的筆調描述了精神之友的作用：

打幾個比方：精神之友就像我們在異國他鄉旅行時的嚮導；就像我們穿過危險地帶時的護衛者；就像我們渡河時的艄公。

拿第一個比喻來說，當我們沒有嚮導，在一個陌生地區旅行時，便存在著誤入歧途和迷路的危險。但是如果我們有嚮導，就能免去這種危險，準確無誤地到達目的地……。

在第二個比喻中，危險地帶內盜賊猖獗，四處橫行，野獸和其他害蟲出沒無常。如果沒有護送者，我們經過那裏，就有喪失生命和財物的危險。但是如果有一名強壯的護衛者，我們就能安然無恙地抵達目的地……。

第三個比喻是說，在渡河時，如果我們乘一條沒有艄公的船，不是被淹死，就是會被激流捲走，不能抵達對岸。但是如果船上有艄公，靠他的努力，我們就能安全抵達岸邊。

從這個意義上說，土登耶喜喇嘛是一個完全合格的上師，他的出現，給西方那些寂寞、無助的生靈注入了新的活力。

爲土登耶喜喇嘛寫傳的英國著名女記者維琪是這樣描寫耶喜喇嘛的：

「他放著光，充滿了對生命的熱情，同時對我們內心的哀傷又很敏感。他擁有的智慧是無可挑剔的，為人非常謙卑，完全的無我，有高度的幽默感。當他被生活中荒謬的事、笑話或一陣從心底自然發出的喜悅所感動時，他會忍俊不住地發出洪鐘般的笑聲。他在高座上笑得左右搖擺，把僧袍拋蓋在頭上，用念珠打著自己……」

耶喜喇嘛同樣深深吸引著翻譯他的傳記的葉文可：

耶喜喇嘛是一位少見的胸懷四海、寬大圓融的導師，他能夠深入地看見所有宗教後面相通的精神力量，他不拘泥於傳統形式，認為瞭解人類心靈的運作，深入所有宗教的精髓，傳播仁慈，發揮美好的心地，這才是所有精神生活的要點。他深刻的看法，指引了精神生活的方向，為大都會中疲憊的靈魂，提供了藏傳佛教的精神與靜坐。

作爲耶喜喇嘛轉世靈童的母親瑪麗亞，第一次見到耶喜喇嘛時，便爲他所發出的能量和力量所折服，決心把整個生命奉獻給他，從那一刻起，她便和耶喜喇嘛結下了割不斷的緣：

「我從來沒有見過任何人和他一樣，從他身上發出的能量和力量都是不可思議的，他運用他的臉、手及全身來表達，他用自己能夠用的所有方式來使我們瞭解。他說的話我連一句都聽不懂，但是我的心中起了一種變化，我無法形容那份感覺，但這感覺很強烈，我不由自主地合起掌，我知道這是一位我可以把生命奉獻給他的人物。」

耶喜喇嘛，耶喜喇嘛，我們似乎無須再羅列一大串這樣的讚譽。追尋他的足跡，也許更能體會到精神之友的作用。

喇嘛的故事

一九三五年五月，在離拉薩不遠一個小山村的農夫家裏，誕生了一個小生靈。他一出世，便引起了其美隆寺（**Chi-me Lung Gompa**）裏的尼師們不尋常的注意。因爲其美隆寺的住持幾年前去世了，靠著涅農帕沃仁波切的神通指點，她們來到這裏，發現了前其美隆寺住持的轉世靈童。這就是後來的耶喜喇嘛。從此這個小男孩便經常由其美隆寺的尼師帶回寺廟，參加不同的宗教儀式。小男孩非常快樂，在其美隆寺一住就是好幾天。

耶喜喇嘛很小就顯示出對宗教生活的嚮往，每每有喇嘛到他家中化緣，他就央求父母准許他跟喇嘛們一塊離開，去過寺院的生活。他的這份執著打動了他的父母，終於在耶喜喇嘛六歲的那年，他的父母把他帶到雄偉的色拉寺，並由他出家爲僧的叔叔照看。在這個充滿了嚴密精神修持力量的古老世界裏，耶喜喇嘛度過了十九個年頭，他對這個與外界隔絕的生活方式感到十分滿意，認爲這是個非常神聖而美妙的地方。

喇嘛們的生活極有規律。他的課程很緊，每天五點起床，做念誦祈禱，然後直到晚上七點，他們一直在修鍊，中午十二點到下午三點除外。晚上則是背誦、記憶佛經，並不時地有佛經辯論和考試。這些課程相當繁重，能夠在十一點以前睡覺，便算是早的了。

耶喜喇嘛有四個老師分別教不同層次的課程。佛教哲學是學習的重點，他必須瞭解實相的本質、空性、中道等諸如此類的佛教基本知識。專念靜坐的上師則教導耶喜喇嘛如何冥想生活的實質，如何運用寶貴的人身，面臨死亡時怎麼應付等等課程。每天除了學習佛法還是佛法，在這種封閉的環境中過著簡單、平和的生活。爲了考驗自己的意志和尋求精神上的通靈，耶喜喇嘛做了三年的閉關，這在他以後的生涯中，給他帶來了不可估量的影響。在色拉寺，耶喜喇嘛不僅以擅長辯論而聞名，更以他的謙卑和愛心、善心名聞當時。

廿五歲時，耶喜喇嘛離開西藏。一個月後他來到了印度，繼續著他的修行生涯的同時，開始學習被他的大部分同行所厭惡的英文。他時常通宵達旦地讀英文，於是也經常耽誤了早晨九點鍾的辯論課。英文的學習同樣給他以後的傳播生涯增添了一雙強有力的翅膀。

在來到巴色多爾的兩年後，他收了梭巴仁波切——一位年輕的轉世活佛爲弟子，從而開始了他一生中的轉捩點。梭巴喇嘛一九四六年出生在喜馬拉雅山南麓的尼泊爾王國的一個小鄉村裏，三歲的時候他被指定爲拉烏都喇嘛——尼泊爾著名的修行者的轉世靈童。稍長，在他叔叔的帶領下去西藏朝聖，當來到錫金北部的東嘎寺時，小梭巴決然要留下，從此成爲人們心目中的多莫格西——東嘎寺即是他的駐錫地。

耶喜和梭巴喇嘛不能不說是最佳拍檔，他倆開始了一項偉大而神聖的事業——把藏傳佛教帶給西方的事業。

送上門來的西方弟子

在色拉寺時，耶喜喇嘛對西方世界的瞭解僅侷限於道聽途說的傳聞：紅皮膚、綠眼睛、十足的野蠻人，不用說更不會有精神生活的存在。對此，耶喜喇嘛將信將疑，直到他有機會教導西方人，並和他們同住時，才解開了他心中的謎。

一九六五年的一天，正當耶喜喇嘛和梭巴喇嘛探討佛教問題時，他們的房中突然闖進一位年輕貌美的俄裔女子，她大聲問道：「我怎樣才能得到平安和解脫？」兩位喇嘛十分驚異，這個地方從來沒有出現過「可怕的西方野蠻人」，更不用說有「野蠻人」向他們尋求解脫之道。此時的耶喜喇嘛並沒有意識到一個機運已經到來，他將要點燃靈修的火種，把藏傳佛教帶向西方，而這位西方青年女子也就成了他的第一位西方弟子。

這位金髮碧眼的俄裔女子名叫姬娜・拉切夫斯基（**Zina Rachevsky**），美國人。她有著不同凡響的經歷：她的父親是帝俄羅門諾夫王朝的一位王子，在俄國大革命中出逃美國。其後她的母親繼承了家產，成爲美國最有錢的女人之一。姬娜在好萊塢長大，她長相迷人，愛出風頭，在她身上集中了虛華世界裏長大的女孩的典型特點：驕縱、早熟、沒有安全感、需求注意和極度的不快。她瘋狂地投入嬉皮士們提倡的和平與性愛的運動，她有許多次的戀情，嫁給好幾個丈夫。她吸毒、嗜酒、過度縱欲、熬夜，並爲此付出了代價，她疲憊不堪，臉上充滿了迷惑。於是她又開始旅行，到希臘、到印度，當她在斯里蘭卡時，她讀到了德國喇嘛格敏達所寫的《白雲飄處》這本書，爲書中的內容所吸引，下決心要見一見格敏達所描寫的東嘎寺的多莫仁波切。在別人的指點下，她闖入了兩位喇嘛的房間。兩位喇嘛沒有說話，只是看著她。

隨後的一個禮拜裏，她天天來，耶喜喇嘛用英文回答了她提出的各種各樣的問題。最後，她突然問耶喜喇嘛是否準備好去訪問她？兩位喇嘛猶豫了一下，但他們都發過菩薩願，不能拒絕任何眞心「追求眞理」的人。於是他們開始爲西方世界轉法輪，每天教導迫切求道的姬娜，歷時九個月。

在教導姬娜的同時，耶喜喇嘛也開始了對西方人生活方式的觀察和思考。他面前的這位姬娜女士對所有事物都非常不滿意，她認爲自己的生活空虛而沒有滋味。她把人生中的事情做遍了，可是仍然不滿意。耶喜喇嘛發現姬娜缺乏的是對她自己及對她內心世界的瞭解，她以爲快樂是從外在事物得到的，而不是發自內心的。耶喜喇嘛教導她，快樂不是從外面得來的，它出自我們的內心。這正是藏傳佛教帶給西方世界的一個新的認識。

九個月後的姬娜終於找到了她狂亂的一生中所缺乏的意義。她已不滿足於只當一名俗家弟子，她要剃光

頭，身著紅袍，當一名藏傳佛教尼師。她的這個決定把耶喜喇嘛與西方世界更加緊密地聯繫起來，她開始考慮，對一位初出家的西方尼師來說，什麼是最好的事情。耶喜想起了在色拉寺度過的簡單而平和的生活，對姬娜來說，她最需要的就是這種新生活。於是他、梭巴喇嘛和姬娜三人來到了尼泊爾的玻得哈那，這是一座離加德滿都僅幾里之隔、風景秀麗的小城，四周環繞著巨大的佛塔，塔的四面雕飾著無所不見的佛眼。這是西藏之外的有名聖地，很自然的，是虔誠的朝聖者的中心。

耶喜喇嘛知道，改變姬娜的唯一辦法，就是讓她閉關。耶喜喇嘛把姬娜送到了喜馬拉雅山的一個洞穴中。他告訴姬娜，她應在那兒住三年，除了其他的修持功課之外，她要念誦三百六十萬遍咒語。姬娜同意了這種選擇。可是她積累了三十多年的生活習慣、思維方式不可能一下子消失，剛開始的時候，她覺得孤獨，很寂寞，又很害怕，她花了很多的時間寫日記。漸漸地，這種現象消失了，她體會到了閉關的眞髓，開始快樂起來。

她的變化是顯而易見的。一年後的她，剛結束三個月的閉關回來，一位名叫埃琪的丹麥人看見了她：美麗，放射著光芒，平靜又平和，一股甜美從她的身上流溢出來。而埃琪對以前的姬娜仍記憶猶新：她的脾氣暴烈，不時發作，而且她沒有金錢的觀念，她不知道如何處理金錢；但她同時也是一個充滿熱心的人，有一顆容量很大的心。姬娜的蛻變使埃琪領悟到，一個人終生的習性只能慢慢地消除。

正當姬娜開始領略到人生的意義時，她突然死了，年僅四十二歲。她以打坐的姿態離世，靜坐的姿勢持續了幾個小時，一臉的祥和。姬娜的早死對她個人來說是一個悲劇，但姬娜卻以她的行動開啓了一項有意義的運動——向西方世界傳播藏傳佛教。

確實，姬娜的行爲引起了她的一些朋友的好奇心，於是其中一些人來找她，並且看到了她明顯的變化，他們也來聽耶喜喇嘛的教導，也留了下來。「更多的人來了。時間一天天過去，人數愈來愈多，姬娜買下了一塊能夠俯瞰玻得哈那及其佛塔的山地，它的名字就是喀本。」以後的喀本日益吸引著西方世界的人們，它成了西方佛教徒們心中的聖地。姬娜在西方世界點燃了一把「巨焰」，隨著歲月的流逝，不僅沒有熄滅，反而愈燃愈旺，熾熱的烈焰照亮了沈醉於物質世界人們的心靈。

銜接東西方的差異

從接受姬娜的那一刻起，耶喜喇嘛就抱定這樣一個宗旨：把古老精純的藏傳佛教帶到西方去，把人和人之間的障礙除去，把西方和東方之同的差異銜接起來。

耶喜喇嘛知道，藏傳佛教的文明並不足以應付西方生活中的問題，只有靜坐和瞭解哲理，才能眞正改進人類的生活。他說，這是一個藏傳佛教傳播到西方的好時機。西方有好多受苦的心靈，也許因爲身體的享受太多了，「猴子的腦袋」必須找到東西來塡塞。但是傳遞的必須是佛法的眞義。佛法必須和西方的心理學、科學和哲學相關連，否則是無法聯結的。於是耶喜喇嘛不停地發展具有高度個人風格的教學方法，與梭巴喇嘛的教學方法迥然不同。梭巴喇嘛遵循的是傳統的藏傳佛教教學法，雖很嚴謹，但卻枯燥無味；耶喜喇嘛則打破傳統的形式，不遵循任何固定的方式，衡量西方人的背景，用符合西方的現代語調來闡釋藏傳佛教的一切，於是贏得了無數的西方追隨者。

耶喜喇嘛的傳法和現代生活息息相關，符合西方現代的節奏、內容。「我們必須發展出西式的佛教」，

這是耶喜喇嘛一貫的口頭禪。他認為，佛代表的只是得到完全覺悟的生命，它不必是黃皮膚黑眼睛的，每個接受了佛教的種族，都可以把佛依照他們的形象來描繪，西方人可以創造出西方的佛像。同樣，佛法在西方就應以西方的方式來傳揚。「西藏的方法太慢，並且充滿了歷史的典故，龍樹菩薩這麼說……，蓮花生大師那麼講……，西方人需要一些更具體的東西，讓他們能從自身的經驗中體會。」譬如，在他的講壇上，不再放置藏傳佛教的傳統標誌——嘛呢輪，而是放了一架玩具飛機，用來表示這是他接近學生和傳播佛陀教化的神聖方法；同樣，他不再用傳統供佛用的藏香，而是用噴香水來取代。這是一項挑戰性的工作，但耶喜喇嘛願意迎接這個挑戰，而且樂此不疲。

在義大利時，他告訴比薩的學生，他沒有興趣把藏族文化和藏傳佛教的各種儀式搬過來，他說：「習俗和文化並不重要。過去，佛教曾傳播到許多國家，譬如緬甸、泰國等，並且形成了不同的形態。藏族文化永遠不可能變成義大利文化。」一個義大利人想變成藏族人，這可能嗎？於是耶喜喇嘛建議把義大利麵條用在他們的宗教儀式中，並認為這才是眞正的義大利佛教。

只要不失去中心思想，它的框架如何是不重要的。耶喜喇嘛與其說是在傳播藏傳佛教教義，不如說是在銜接東西方文化的差異。對他來說，任何事情，只要有助於他更加瞭解學生所處的社會，以及瞭解社會對他的學生思想方式的影響，不論這件事多麼奇異、驚人，他都會去嘗試，於是才會有關於他的一系列精彩而有趣的故事。

譬如有一次去澳大利亞，他穿上了T恤衫，戴一頂闊邊帽，然後四處遊逛了一個禮拜。他回來時，便有一身日曬而成的棕黃色皮膚。於是，他告訴大家自己去了海邊，這是澳洲人享受好時光的方式。

在美國，他更是如法炮製。在賭城拉斯維加斯玩牌，到迪斯尼樂園，戴著米老鼠面具玩遍整個遊戲。在舊金山，當他和一位同性戀的學生聊過後，當即決定去同性戀俱樂部，然後參加同性戀大遊行。他問了一大堆的問題——同性戀是如何開始的，同性戀者需要什麼，同性戀者又做了些什麼？在這不尋常的一天結束後，他得出結論：男同性戀者比女同性戀者好看！他以一個「考古學家」的眼光來審視這一切。

耶喜喇嘛不但接觸到西方豐富的物質生活，在他的旅遊生活中也同時看到了活生生的基督精神。有一天，在義大利的比薩，耶喜喇嘛掩飾不住自己的興奮，帶著梭巴喇嘛來到阿西斯（Assisi），指點著聖方濟（St. Francis's）的洞穴說：瞧！西方也有瑜伽士，他們也有洞穴。耶喜喇嘛一有機會就拜訪基督教寺院，和當地的神職人員聊天，並且善於發現他們的長處：「我們的佛教徒說了半天的慈悲，咿里哇啦的說個不停，但基督徒會付諸行動。」就這樣，他又贏得了基督教神職人員的敬意。

上師的表率

你遇見過藏傳佛教上師嗎？你對他們的第一印象是什麼？也許你心裏有很多感受，但卻很難用言語來表達。下面這段是一位幸遇上師的人所得出的初步印象：

「西藏喇嘛的歡樂，富有感染力的笑聲，與鎮定、寧靜融合在一起的充沛精力，他們微妙的自發性、熱情和坦率，這一切都反映了不受日常生活中物質或心理問題和負擔的影響，以及不懼死亡的人類精神狀態。」

把這段話放在耶喜喇嘛身上，最為恰當不過。你能想像得出一位天主教神父對一位藏傳佛教上師的評價嗎？貝納基輔是法國的天主教神父，他曾在法國普文斯舉辦的十天閉靜活動中和耶喜喇嘛見過面，一起探討過神學問題。十天是很短暫的，但耶喜喇嘛卻給這位法國神父留下了不可忘懷的印記。在一篇追憶耶喜喇嘛的悼詞中，他稱耶喜喇嘛是一位「盈滿笑容的奇異人類，他的呼吸之間都是善意。」耶喜喇嘛具有無比的活力，他在每個動作、言語及表情中都注入了無盡的能量。使貝納基輔一說到耶喜喇嘛，就不得不承認他完全掌握了他的聽眾：

「他成功地諷刺了西方社會，他是一位無可比擬的舞臺藝術家……，雖然他成功地揭露了古怪愚昧的事情，以及大眾被他們的激情左右而產生的妄念，他卻從不曾傷害任何人。相反的，人們被他那份不可置信的慈悲心、對『美善必勝』完全的信心所感動。當他忘懷大笑時，每個人都跟著他笑，彷彿相信有他同在，他們將邁向解脫之道。」

確實，耶喜喇嘛成功了。他走進西方世界，以他自身的表率向西方人展示了藏傳佛教的魅力，向西方世界提供了一個最生動的例證。耶喜喇嘛一直相信藏傳佛教有些寶貴之處可以貢獻給西方：人類具有能夠成就一些超越世界的事情的潛力，他們能夠透過自己的心靈，達到不可思議的快樂境界。在這兒，我只想敘述有關耶喜喇嘛的兩件事情——心靈潛力的顯示和不懼死亡的態度。

人類心靈的潛力是耶喜喇嘛十分強調的一個主題，也是藏傳佛教頗具魅力的教義。耶喜喇嘛把人類心靈的潛力稱之為佛性，並且認為這是每個人所固有的，關鍵在於你怎麼把它開發出來。他認為西方人固然受了教育而且世故老練，但他們還是無知於自身所受的侷限，因此經常被難言的限制和自卑所折磨。「如果人把自己看得很狹窄，這種觀念就變成所有事物受限的根由」，耶喜喇嘛解釋道：「愛心受限，智慧受限，慈悲受限。你認為自己根本是狹窄的，所以你的整體生活、你的智慧與愛，都變得狹窄。」因此人要有一種神聖的驕傲感，要了知人的心靈潛力的廣大。耶喜喇嘛有嚴重的心臟病，在他三十九歲的時候，美國的一些醫生就斷言他要死了，最多只有三到五個月壽命。加德滿都的西醫也這麼說。可是耶喜喇嘛不服從常識，也不聽醫生的勸告，繼續乘坐飛機快速環遊世界，訪問每一個坐禪中心，教導他的學生。因為他堅信人類是特別的。事實上，他又活了整整十年，直到一九八四年的藏曆新年那一天才圓寂。那麼，這十年他是怎麼活下來的呢？是靠藥物的維持嗎？不，他靠的就是心靈的力量和念咒。控制住你的心靈，就能控制你的身體，提高你的體溫，耶喜喇嘛不止一次地强調。十年間，他忍受了幾百次的心臟病發作，在公開場合露面時，他總是非常生動、有活力，有著不竭的能力。可是在私底下，他經常是疲憊不堪的。一九七一年耶喜喇嘛開始他的第一次世界旅行，有一次當他見過了所有想見他的人後回到家，他已沒有力氣走到自己的床邊，只好癱軟在離他最近的一張床上。

面對死亡，耶喜喇嘛同樣是坦然的。他很清楚自己快要死了。在他死的前一年，他告訴他的兩位美國學生，他不會活到五十歲，甚至預測了他的死期——一九八四年的藏曆新年。耶喜喇嘛可以用藏族活佛傳統的方式來處理自己的死亡，選擇一個安靜的地方，在熟悉的環境中靜坐，身邊有一兩位親近的修行人。但他沒有這樣做，他要再一次向西方世界證實他所教導過的人的潛力和愛的意義的課程。

貝佛利・奎思和薩斯塔・華利斯是耶喜喇嘛臨終前一直照顧他的兩位美國弟子。他們親眼目睹了兩種面對死亡的截然不同的態度，一位是他們的好友死於癌症，一位即是耶喜喇嘛。兩者的尖銳對比給予了他們一種心靈的震撼。他們記述道：「我們的朋友變得內向，她退縮了，被疾病吞沒了，她死前的一個禮拜停止了說話。喇嘛卻完全相反，雖然他的身體情況不可想像的糟糕，他不能吃，不停地嘔吐，有時候他痛苦地在床上打轉。但是，他卻不執著於疾病。他會客觀地說，嘔吐是使人疲勞的事情，彷彿他與疾病無關似的。當我們的朋友在痛苦之中，你立刻會知道。但是，喇嘛一次也沒有抱怨過，他不像一般人那樣被疾病所左右，在他身上找不到痛苦的痕跡。」

儘管病魔纏身，耶喜喇嘛卻還在時刻關心著別人。有人走進他的房間，喇嘛就會抬著頭看著他說：「你好嗎？你的家人好嗎？」他仍不停地和他的學生溝通，用他強烈的愛心、熱情關注著他們。薩斯塔對此感到很驚異，「有時候，他只是注視著你的眼睛，你就能夠感覺到那股汩汩流出的愛，彷彿你找到了你的眞愛一般……，他病得如此厲害，但是他的能量還是不停地向外散發。」

即使在洛杉磯的斯德西奈醫院裏，他的鼻子裏插著一根管子，他的手臂上穿著一根管子，另一根管子則透過他的心臟，他仍然保持他固有的風格，微笑著面對任何人，並且不斷和身邊的人開玩笑。當耶喜喇嘛要求梭巴喇嘛和他做完一次完整的冥思後，他的心臟終於停止了跳動。直到他心跳停止前的最後一刹那，他還是微笑著，神智很清楚。

耶喜喇嘛以這種方式教導西方世界的人們：死亡是很平常的事，沒有什麼可怕的，我的身體雖病了，但我完全的平和、快樂。發生在我身上的事情，也能發生在你們身上。如果你們認同我的疾病和身體狀況，也就能夠認同我死亡前心靈的境界。他的「視死如歸」的態度又一次向西方世界揭示了藏傳佛教所蘊藏的豐富內涵——死亡只是把舊的軀體去掉，人的心識還繼續存在。

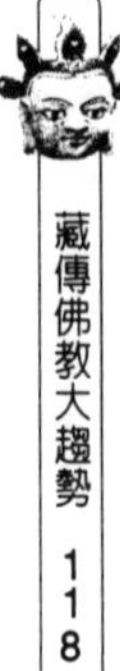

東西方精神的對話
藏傳佛教和榮格心理學

「我們必須從內部而不是從外部去吸取東方的價值，必須在我們的內心尋求它們……」

—卡爾・榮格—

卡爾・榮格是西方心理學巨擘，生活在十九世紀末至二十世紀上半葉（一八七五—一九六一年）。而藏傳佛教誕生在世界屋脊雪域高原上已有千餘年的歷史，它們處於截然不同的社會文化環境之中，產生於不同的歷史時期，在時間上更有著近千年的差距，它們之間怎麼對話？有必要對話嗎？不禁使人產生疑惑。然而，美國的拉・莫阿卡寧卻堅信在藏傳佛教和榮格心理學這兩種體系之間必定具有某種深刻、重要的聯繫。在他看來，藏傳佛教實質上是一種具有宗教基礎的心理學和倫理體系，而藏傳佛教密宗更是一個充滿生命力的過程，「它在我們深切嚮往象徵性和精神的神秘性，及我們需求世俗生活之間的鴻溝上架起橋梁，始終强調生命的意義在於置身生活之中」。這麼一來，就和卡爾・榮格一生致力研究的意識擴展和精神轉化過程的論題便有了最直接的聯繫。於是莫阿卡寧「開始了從東方到西方、西方到東方令人激動的漫遊」，並且在幾年的漫遊之後爲我們奉獻了這樣一本書——《榮格心理學與藏傳佛教》。在書中，他力圖證明藏傳佛教徒和卡爾・榮格各自從他們獨特的方向，用他們獨特的語言和象徵向我們一致表明：智慧是普遍的，排斥豐富的西方象徵，是一種極大的遺憾和損失。然而，東方的象徵對西方人的心靈來說更爲新奇，從而也具有更大的激發和刺激想像的能力。這在藏傳佛教熱浪衝擊西方神學體系的今天，就顯得更有現實意義。時間、空間上的差異並沒有損害藏傳佛教和榮格對人類共同問題的探索，於是才會有這東西方精神的對話。而西方世界的人們也能從這兩種體系慷慨奉獻的財富中各取所需，汲取無窮的營養來充實自己的精神，你能說這種對話不值得嗎？

在這裏我們不想介紹太多索然無味的名詞、概念，只力圖以普通的語言來介紹兩種體系的對話。一方是藏傳佛教的祖古（活佛），一方是卡爾・榮格的徒子徒孫，旁白則非拉・莫阿卡寧莫屬了。對話的主題則是關於痛苦和解脫痛苦的方法。我們之所以選擇它，是因爲這是世間衆生最普遍關心的問題。

莫阿卡寧：對話一開始就充滿了濃濃的火藥味，兩者針鋒相對，對痛苦是否能被超越發生了分歧，但這並不妨礙兩者之間眞誠的交流。

祖古：並非罪惡，而是無明才是一切痛苦的根源。佛教最關心的是消滅痛苦，因爲它相信痛苦實際上是可以被超越的，擺脫痛苦的可能性完全存在。

榮格：我完全贊同你所說的無明是一切痛苦的根源，按我的說法，這是因爲自我認識的貧乏，使得人們被無意識的衝動所奴役。但痛苦是生活的本來狀態，甚至是一種永遠不會消除的必要元素。人們必須面對痛苦的問題，痛苦又必須被克服，而克服它的唯一方法就是忍受它。

祖古：藏傳佛教認爲痛苦是可以被轉化爲歡樂的。雖然說在到達最終目的地的過程中絕不是沒有痛苦，功德高深的修行者也可能要經受各種痛苦的考驗，但其最終的結果必是極樂。

榮格：很遺憾，我不敢苟同。我認爲，痛苦和歡樂是生活中不可缺少的一組對立面，沒有一方，另一方也就無法存在。爲了保持生活的圓滿和完整性，需要有歡樂和痛苦之間的平衡。痛苦是自然的，不是生活中的病態；歡樂只是一種無法企及的狀態。

祖古：看來，在這一點上我們難以取得一致的意見，但這並不重要。佛教所追求的最終目標是幫助人類從痛苦中解脫出來想來在這方面，我們的心是相通的。

榮格：一點不錯，醫治人類精神的創傷是我不可推卸的責任和工作。爲此，我經過多年的潛心研究，走出了一條精神療法的路子。我的精神療法不僅僅是對病症的治療，更重要的是實現個體的完善。每個人的靈

魂深處都隱藏著一切未來發展的種子，我的任務便是幫助這顆種子發展、成熟，直到發揮它的最佳潛能。

祖古：你的精神療法和佛陀的體驗如出一轍。佛陀用他自身的體驗告訴我們，只有通過直接體驗獲得的知識才具有賦予生命的價值。同時，也只有通過發展菩提覺性，即絕對的、無限的、超自然的意識，在人自性中的親證，我們每個人才能尋求到根本存在的問題的答案。

莫阿卡寧：換句話說就是，我們既沒有必要到遙遠的、神秘的地方去尋找它，也沒必要從書本或者聖典中尋找它，只需在一個人自己的靈魂深處尋找它，也只有在這兒才能找到它。那麼怎樣才能達到這一目的呢？

榮格：聽其自然，這是最好的敲門磚。我仔細觀察過那些成功地擺脫生活問題纏擾的患者，他們實際上什麼也沒有做，只是簡單地順其自然，讓該發生的事情發生，允許自己的無意識在寂靜中和他們交談，他們耐心地傾聽它的信息，並給予它們最大的和最認眞的關注。這樣能創造出更廣闊的人格，使意識增强並發生轉化，讓人的自性即靈魂顯現。其實，在這個心理平靜發展的過程中，無意識豐富了意識，意識又照亮了無意識，這兩個對立面的融匯和結合，使認識增强，人格擴展。

祖古：對。一旦在個人的心靈深處認識到這種意識的轉化，也就達到了佛教所常說的徹悟。

莫阿卡寧：兩者所要極力證明的是一個同樣的主題：人類的精神心理自身具有解脫的可能，即通過人內在的自我轉化獲得解脫，但它必須遵循這樣一個原則：自然發生，不能强制。基於同樣的認識，藏傳佛教和榮格心理學開始尋找解脫痛苦或者說救治靈魂的方法。

祖古：獲得解脫的方法和道路是多種多樣的。藏傳佛教有著它獨特的修行方式和技巧。它們是身（肉體）、口（言語）、意（心靈）三者完美的結合。

身指的是手結印契。印契是一些象徵性的姿勢和手勢，手和每根手指都做出最優雅、美妙和意味深長的動作。藏傳佛教密宗認爲，它們是身體反映內心存在狀態的外部表現，在適當的場合使用它，就有助於達到禪定，能夠激發意識的更高層次。

口則指口誦眞言。眞言也稱咒語，是一些神聖的聲音，也是聽覺符號。它們沒有具體的含義，但像音樂和詩歌的聲調和韻律一樣，能夠喚起人們內心深沈的情感和超越思想及日常語言的意識狀態。對入門者來說，用一種非常直接、坦誠的方式背誦眞言，就能喚起內心潛在的力量。但如果沒有充分的準備和正確的精神態度，只背咒語也無濟於事。藏傳佛教認爲，眞言必須從意念中產生，讓心靈來傾聽。

意則指心觀佛尊。當人類生命的三個方面——身、口、意，同時存在並和諧地互相配合時，就會喚醒原始的宇宙力量，產生驚人的效果，人就能進入另一種實在。

榮格：說到這裏，我想先打斷你下面的論述。我對東方的宗教有一定的思考，我用以治療靈魂的方法即和冥思修鍊的基本方法相似，這尤其以積極想像法爲最。積極想像的過程實質上包含兩個對立面，即意識和無意識之間的不斷對話。在這一過程中，人的自性各方面逐漸整合成爲一體。對立雙方的統一和融合作用最終導致心理轉化。

這一過程分幾個階段。最初是誘導出寧靜的心靈狀態，擺脫一切思緒，不作任何判斷，用自然的方法觀察，注視著無意識內容和支離破碎的幻想片段自發地出現、展開，然後用書面形式及其他有形的圖形，如畫、圖、雕塑、舞蹈或其他任何象徵表現手法，把這種體驗記錄下來。在下一個階段，心靈的意識開始積極地蓄意參與和無意識的對峙，無意識產物的意義及其信息被理解，並且與心靈的意識狀態和諧一致。

確切地說，它好像兩個有同等權利的人之間的對話。他們都相信對方的論證正確，認爲值得通過比較和討論來修改互相矛盾的觀點，否則將它們明確地區分開。

最後，一旦自我和無意識相互妥協，個人能夠有意識地生活，就必須遵守某種倫理觀點和義務：即個人再不能像以前沒有意識到無意識的潛在作用時那樣看待他的生活。

不知道這樣的解釋是否很清楚？

莫阿卡寧：榮格積極想像這樣的精神療法旨在使他的病人心中造成一種流動性的狀態。在這種狀態中，他們體驗到不依附任何一成不變的條件變化和生長。同時，榮格努力在他的患者中間引發一種超越個人聯繫的感覺，以擴大他們的知覺能力，掙脫個人的意識，這對於理性觀點受挫敗和壓抑了生命的精神領域的現代人來說尤爲重要。

祖古：這種精神療法的相似性恰好體現在心觀佛尊之中。在身、口、意三者之間，它是最重要的，這也就是人們常說的禪定。用非專業化的語言來說是這樣的：作爲初步的實踐，開始是以各種各樣的冥思方法修鍊，抑制心靈，使它平靜、專注一心、培養注意力和知覺。在這一基礎上再輔以更複雜的方法修鍊。心觀過程中，坐禪者在心中構想各種各樣、形形色色的精神意象，代表寧靜、美麗、忿怒、恐怖的密宗神祇。衆神和他們密切結合在一起，指引他們完成這一過程。

按照他們的特殊需要和精神能力，禪定者被賦予不同的神，按照指令，要把全部注意力集中於他們在心中創造的本尊的意象，必須想像出本尊的形象的每個細節，它的整體狀態和顏色，直到它變得和修行者一樣眞實。他們不僅在心中構想本尊，而且也把自己看作本尊。就在刹那間，他們化身爲本尊，本尊的原型已轉移到他們心中。這種心觀的核心便在於人和本尊的統一。它是一種動態的過程。在這一過程中，坐禪者的自我和他們的一般意識被拋棄，被更高的本尊的意識所取代。仲巴仁波切在《密宗的起源》一書中爲我們描繪了冥想大日如來佛的景象：

在一輪皎潔明亮的秋月上，你放上一顆很小的芥子，芥子的涼爽的藍光放射出無限清冷的憐憫，超越空間的限制，它滿足了有情眾生的需要和願望，送來必需的溫暖，澄清混亂。然後從這顆芥子中，你創造出白色、具有貴相的大日如來佛——一個八歲的孩童，用美麗、天真、純潔、有力、高貴的目光凝視著你。他身著中世紀印度國王的服飾：頭戴閃閃發光、鑲嵌著滿足希望的寶石金冠。他長長的黑髮一部分飄動在肩和背上，其餘的梳成頂髻，佩戴著一顆閃閃發亮的藍色鑽石。他盤腿坐在月盤上，雙手呈禪定的手印，握著一枝白色水晶雕刻成的金剛杵。

您與大日如來佛融爲一體。這時候，難道您不會顯得安詳、寧靜嗎？

榮格：您的意思是不是說，隨著持之以恒的實踐，作爲意識發展的更高層次，心靈所創造的諸本尊呈現，爲一種能以强有力的方式影響坐禪者的生機勃勃的實體。而「心靈所創造的諸本尊」在我看來，這就是人們常說的幻覺。

莫阿卡寧：榮格對幻覺下了這樣的定義：

我們用什麼標準來判斷某種東西是幻覺？我們有權利把存在於我們心中的任何東西稱為幻覺嗎？我們願意稱為幻覺的東西可能是對心靈極其重要的生命要素，就像氧

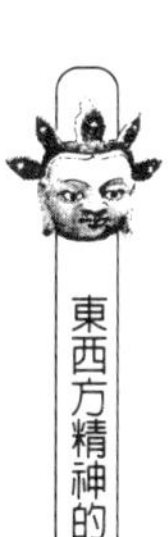

氣對於身體是必不可少的一樣——一種極具重要意義的心靈實在性。心靈大概不會為我們的實體範疇而煩惱，對它而言，任何起作用的事物都是真實的……。也許，對心靈來說，再沒有任何事物比我們稱之為幻覺的東西更真實了。

莫阿卡寧：榮格和藏傳佛教的祖古兩人在解脫痛苦的方法上，實質都强調了直觀的重要性。但前者强調的是一種通向隱藏著徹悟和自性種子的內在核心的動態方法，後者强調的則是一種非教條的，旨在獲得活生生的內心體驗的經驗方法。

莫阿卡寧：尋求解脫的方法固然重要，但如果缺少精神上的嚮導，痛苦還是難以解脫的。擔當起拯救靈魂、解脫痛苦的人，在榮格稱之爲治療學家，在藏傳佛教則稱上師（即祖古）。他們同樣起著精神嚮導的作用，但兩者有一個重要的區別。

榮格：治療學家至關重要之處在於精神治療的作用和他與患者的密切關係。治療是一種辯證的過程：在這一過程中，兩種精神實體互相對峙，二者在衝突中必然會互相影響、轉化。因此在心理治療的過程中，治療學家必然會受到接受治療者的影響。對於治療學家來說，一方面有可能會成爲一種復活的體驗，但在另一方面，也可能受到患者心靈的污染，威脅著治療學家自身情緒的平衡。這應該說是難免的。

祖古：從這一點上說，上師要比心理治療學家更完善。藏傳佛教對上師的資格要求很嚴，他必須具有高深的功德、明澈的心靈，是弟子獲得徹悟的榜樣！已經獲得高度精神徹悟的上師不可能受到心靈的污染，更不用說受弟子的消極影響了。

同時，藏傳佛教並不把上師視爲最終的權威。藏傳佛教鼓勵他的信徒以自己的經驗來檢驗教義的正確性，然後由他們自己決定是否應該接受它，也就是說信徒個人特性的需求應擺在第一位。佛陀就曾因弟子的各自特點，用不同的語言向不同的人傳授同樣的眞理。

榮格：您說得很對。個性是絕對的，獨一無二的。患者應在心理上日益成熟，依靠自己。就像煉丹術士的門徒，必須學習試驗室的一切技巧一樣，最終必須由自己來從事實驗，因爲這是別人無法替他們辦到的。也就是說，只有個人的精神或心靈不受干擾時，才有客觀地發揮作用的能力，從而把個體引向他的自性。

莫阿卡寧：我們不難看出，兩者都强調解脫痛苦必須有人指導，但他們同樣强調個人特定的需求、條件和能力。指出「修行者」最終必須擺脫任何權威的影響，把自己的心靈作爲嚮導，在自己的心中發現眞理，這才是解脫痛苦、治療靈魂的必要條件和正確而唯一的途徑。

解脫痛苦，是最受現代世界的人們所關注的問題。東方的藏傳佛教和西方的心理學家榮格爲我們提供了理論上的指導和實踐療法。你何去何從？是心觀佛尊呢？還是積極想像？也許你兩者都需要！因爲這才能夠解釋西方世界的衆生日益關注藏傳佛教的現象。坐禪去，已成爲他們日常生活的口頭禪。而原本流淌著白種人血液的西方人對榮格則是再熟悉不過了。他們既看到了兩者的差異，但更多的是對兩者的融合，以創造出一個新天地，豐富自己的精神世界。

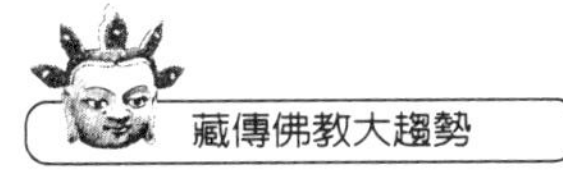

死亡的藝術

既然每一個人都免不了要拋開這張皮囊去經歷死亡的過程，最有教益的，便是確知臨終時如何面對死亡。

開門見山話死亡

生命猶如時間沙瓶中的沙子，每時每刻都有沙子漏下來，你對它束手無策、無可奈何。哲學大師說，死亡比生命更重要。生命是膚淺的、瑣碎的，死亡才更加深刻。通過死亡，你才能進入眞正的生命。通過生命，你只是抵達死亡，僅此而已。

因此，生命是走向死亡的旅程，死亡存在著，且無時無刻不在死亡，正因如此，人們才倍加關注生命。這種對生命的牽掛，對生命的過分關注，或許正是對死亡的恐懼或逃避。死亡就在你的內心深處潛滋暗長著。

有了對死亡的熱切關注，才使生命得以眞正展示和延續。只有從容地面對死亡，才能獲得不死的生命。預知死亡將至，也就把握住了生命的永恒。

死亡是一道瑰麗多姿永不凋謝的風景，既朦朧又清晰、既豐富多彩又蒼白可怖，誰都能接近它，卻難以體會它，誰都能進入這風景之中，卻都被風景所融化。死亡這道風景戴著面紗，誘惑著芸芸衆生那顆疲憊的心。

中國古代有一首小詩這樣寫道：「茫茫衆生，誰有不死？墮地之時，死案已立。」看來，死亡和人類有著解不開的「緣分」。探討死亡，是人類一種擋不住的誘惑。確實，自從人類誕生的那一天起，死亡便成爲永不消失的話題。也正是有了對死亡的探討，世界好像一下子豐富了許多。先祖們因此給我們留下了美麗的神話和傳說，哲學家們因此有了對人生精彩的演繹，宗教也因之有了立足的根基，心理學家、精神分析學家則因此有了研究不完的課題：人死的過程如何？死時的感受怎樣？人面對死亡應採取什麼樣的態度？這同樣也是醫學、社會學、生命倫理學等等學科感興趣的目標。普通的百姓也並不是不聞不問的，我是什麼，爲什麼要來到這個世界？我將走向哪裏？人怎麼會有生？又怎麼會有死？這些關於生命來源和歸宿眞相的問題也愈來愈引起當今社會人們的濃厚興趣。

世界四大文明古國之一的埃及早在西元前十六世紀便爲我們留下了一本關於死亡的書，這便是當今西方世界人們所熟知的《埃及度亡經》，也叫《亡靈書》。《亡靈書》總共二十七篇，既有歌謠、禱文，也有咒語、頌歌，是人們在古埃及帝王和貴族墓中發現的。原文是象形文字，十九世紀初才被破譯，此後風靡西方世界。

古埃及人認爲人死後靈魂不滅。靈魂經由瀑布進入下界，下界有十二國，必須遍歷以後，遭受種種劫難，受神的嚴格審問。如果重重難關一一闖過，便能復歸上界，重見天日，回到遺體之中而得到再生。於是《亡靈書》便應運而生。它是亡靈的教科書，或者說是旅行指南，書中記載著神的資料、對神的頌歌、指導人們怎樣回答神鬼的種種提問，並且教導人們不少的護身咒語等等，都是死者必備的知識。例如有一首名叫〈宛若蓮花〉的詩這樣寫道：

我是純潔的蓮花，
喇神的氣息養我，
輝煌地發芽。
我從黑暗的地下
升入陽光世界，

在田野開花。

《亡靈書》表現的是人對自己意志和力量的信心，表現了人類對死亡的強烈反抗。

哲人們則是用審視的目光來看死亡，探尋死亡的內涵。曾有這樣一個故事：蘇格拉底快要死了，有一個門徒問：「您爲什麼不怕死呢？」

蘇格拉底面對正在爲他準備毒藥的人坦然地說：「對任何一個達到人生旅途終點的人來說，都有足夠的理由希望在另一個世界中獲得其一生全力以赴去追求的目標。人生旅途的結束會給一直準備淨化心靈的人帶來美好的希望，淨化靈魂就在於使靈魂盡可能地脫離肉體，擺脫肉體的束縛。如果一個人在一生中始終訓練自己在盡可能接近死亡的狀態中生活，那麼對他來說，因死亡將至而悲傷豈不可笑？」在蘇格拉底看來，死亡一點都不可怕，反而可以在另一個世界中獲得「新生」。柏拉圖的想法與蘇格拉底不謀而合。他給死亡下的定義是：靈魂離開肉體監獄而獲得的釋放；叔本華則認爲，死亡是生命的眞正效果，是生命的最終目的；精神分析學創始人弗洛伊德提出，生本能和死本能的二元對立使人的歷程帶著動蕩不定的節奏趨向死亡，同時也構成使人大惑不解的生命之謎；存在主義哲學的代表人物海德格爾認爲，只有死亡才能眞正顯示出個人存在的價值和獨一無二性，因爲死是眞正屬於個人的，別人絕不可能替代的。看來是誰也說服不了誰，關於死亡將永遠爭辯下去。

醫生、心理學家則不介入這些玄而又玄的探討，而是注重實質性的問題：死亡的標準是什麼？垂死的過程有多長？垂死者的體驗是什麼？對垂死者應有什麼樣的護理和心理幫助等等。美國研究死亡問題的權威之一里布拉・露絲是一位精神病醫生。露絲在《死亡瞬間》一書中提出了人類面對死亡時必須經過五個階段。

即當人們得知自己患有不治之症時，往往會經歷否認、痛苦、懷疑、壓抑和接受這五個心理階段。她認爲不論每個人在細節上有什麼差異，但一般都要經過這五個階段。這些研究在某種程度上有助於對人類死亡過程的瞭解。

而作爲每一個個體，人想瞭解的不僅僅是這些，更多的是想在臨死時得到指導和幫助，於是「死亡」成了世紀末人類最佳的冥想材料。據報載，二十世紀末美國最熱門的話題便是死亡。「死神」征服了全美各大暢銷書的排行榜，《被光擁抱》成爲目前蟬聯各主要排行榜首的暢銷書。《死亡的歷程》、《揭開死亡的面紗》、《死亡・一生之旅》、《最後的出路》等關於死亡的書在榜上也赫然有名。這正應了一句古語：「人若不習死，將違願而死。習死所以知生，未知死而知生者，未之有也。」該是揭開死亡之謎的時候了。

死亡的藝術

如果有人問你，人面對死亡時，最大的苦惱是什麼？你也許會脫口而出：病痛的折磨。這只是肉體上的痛苦，而現代醫學的發展，已經把人類的病痛減少到了最小的程度。可以相信，在不久的將來，人身體上的任何痛苦都可以去除。可面對心理和精神上的痛苦，現代醫學技術顯然束手無策。而人在垂死時，這方面的苦惱要遠遠超過生理、肉體上的苦惱。

有的人是對自己的執著和對生者的憂慮。垂危者惦念自己死後別人對自己和自己工作的評價，憂慮親屬日後的生活，依戀家產、財富、朋友等。有的人是對死亡的恐懼。人死後到底怎麼樣？是下地獄，還是上天堂？人死了，眞的還有靈魂存在嗎？那麼靈魂又安住在哪裏？而有的人是對治療方式的苦惱。他們討厭到醫

院去治療，因爲他們知道，垂死的人一旦到了醫院之中，便意味著和無數的管子、針筒打交道，身旁盡是非親非故的醫務人員，他們不能死在自己的家中，甚至不能在正常、平靜的心態之下逝去。在飽嘗藥物和針劑之苦後，心不甘情不願地走了，就像士兵在戰場上飽受炮彈的震襲而死一樣。他們不願這樣消極等死，想自己掌握解決生命方式的主控權。他們該怎麼辦？

藏傳佛教向他們展示了面對死亡時無所畏懼的態度，並給他們提供了活生生的例證。「這是一種比安樂死更高一層的『良性死』，它擺脫的不僅僅是生理上的苦惱，更是精神和心理上恐怖。」藏傳佛教認爲，死亡是一門藝術，它的精髓便溶化在《西藏度亡經》一書之中。因而《西藏度亡經》在西方不僅得到了包括天主教徒和基督教徒在內各種信仰的代表人物之認可，而且也受到了科學界領頭人物的讚譽。心理學巨擘榮格（**Dr. CG. Jung**）就認可了此書的獨特價值。榮格認爲，不僅是他的許多富有啓發性的觀念和發現要歸功於《西藏度亡經》，還有許多根本的認識或見地也要歸功於它。確實，它作爲一門死亡的藝術，不僅和生活的藝術一樣重要，而且是生的藝術的補充和原形。《西藏度亡經》到底是怎樣的一本書呢？它爲什麼會具有如此大的魅力？下面的敘述將給你解開心中之謎。

《西藏度亡經》原來叫《中陰聞教得度》，藏語則稱**bar-do-thos-grol**。《西藏度亡經》是英譯時爲便於西方人的理解而改稱的。其中有兩個原因：其一，「中陰」和「得度」這兩個詞過於專門化，對佛教知之不多的一般西方人很難接受；其二，西方人大多知道古老的《埃及度亡經》（它的眞正名稱是「從白天出來」，即**The Coming Forth from Day**，意指從此生出來進入另一生之中的埃及聖道），而且也知道西藏是密宗很流行的地區，因此只要將埃及兩字改爲西藏，即使不加說明，西方人也會了然於胸的，更何況兩者有許多共同之處呢。

《西藏度亡經》相傳是西藏聖者蓮花生大師的遺著。西元八世紀，蓮花生大師在西藏傳播佛教的時候，曾囑咐他的門徒將許多密宗的典籍從梵文譯成藏文，並且將其中的一部分埋藏在山郊野外比較隱蔽的地方，後人便稱之「伏藏」。同時，他把一些瑜伽功夫傳授給他的若干弟子，以便在適當的時候把這些埋藏的經典取出來。不用說，《西藏度亡經》即是「伏藏」之一。

《西藏度亡經》最早是由寧瑪派的仁增噶瑪林巴從色旦河畔的甘布達山中發掘出來的，後來他把此書傳給他的弟子第十三代噶瑪噶舉上師多都多傑，多都多傑又把這部經典傳給第八代達隆噶舉上師晉美丹培。

一九一九年，藏族學者達瓦桑都喇嘛（一八八七—一九二二）首先將《西藏度亡經》從藏文譯成英文。一九二七年美國人埃文斯·溫茨加以編輯，在英國牛津大學首次出版發行，很快便因其獨特的智慧和魅力，征服了歐美大陸，多次再版，給西方留下極為深刻的影響。直到今天，《西藏度亡經》仍不斷地重譯、再版。

在《西藏度亡經》中，「中陰」是一個最爲重要的概念，這從書的原名就可以看得出來。而要瞭解「中陰」這個概念，我們還得先說一下人的潛意識這個問題。

西方心理學巨擘榮格認爲，人類有著潛意識，在這種潛意識裏，存在著人類以往的全部記錄，一點都不少。藏傳佛教理論也持有同樣的觀點。它認爲人類存在著一個無限的潛意識記憶倉庫，在這個倉庫裏，貯存著每一個生命在這個宇宙之間成爲可能的每一種意識的以往記錄，並且保存著我們前生前世的記錄，我們民族、人類以及人類前身的以往記錄，只是並非清醒的心識所能追憶罷了。假如一個人的潛意識之門，由於某

種自然的法術忽然敞開了，他毫無準備的心靈便會因承受不住而被壓垮；但有些人則可以通過專一或修習的途徑，將潛意識的內容引入分別意識的境界之中，從而打開無限的潛意識記憶倉庫。而所謂的「中陰」即代表人類生命之中各種不同的意識境界（即分別意識境界）。

藏傳佛教認為，人由生而死，又由死而生，生生死死，從來沒有間斷過。譬如，在我們的身心之中，時時刻刻都有細胞死去，時時刻刻又有新的細胞產生。因此，種種不同的中陰，就代表人生命種種不一的意識境界。而人的一生有六種不同意識境界，所以人的一生經過六種中陰境界。即：

（1）生處中陰：人清醒的意識狀態；

（2）夢境中陰：夢一樣的意識境界；

（3）禪定中陰：人出神的意識狀態；

（4）臨終中陰：經歷死亡時的意識狀態；

（5）實相中陰：體驗實相時的意識狀態；

（6）投生中陰：人再生時的意識狀態。

「中陰聞教得度」中的「中陰」是指在死亡與轉生之間的境界。也就是指人在離開人世之後、尚未投生之前的這個階段。有人把這個階段比作晝夜交替，即黃昏或黎明的時間。這些都是兩者之間的時間狀態，是張力達到頂點的轉折時刻。就這樣，在兩個世界——生機蓬勃的世界和死寂沈沈的世界、死亡的世界和再生的世界——之間的裂縫中，存在著最重要的契機。

詳細地說，這裏的「中陰」是指上面列出的臨終中陰、實相中陰、投生中陰三個階段。它們代表初期、中期和後期「中陰」。「中陰」的時期一般爲七七四十九天，即七周。

在初期和中期「中陰」期間，死者處在「色界」之中。這時候如果得到解脫，就是以色得悟。這一階段，死者處於一個二元性的世界之中。此時，他的意識有一種雙重的平行線表現。其一是一條「涅槃」線，是由五個報身佛以及禪佛放射出的若干安樂部和忿怒部諸尊組成的，它的象徵即是各種光耀的色彩。其次是一條「輪迴」線，由六界或稱六道組成。這六界除了特別之外，全部與涅槃線有著相同的色彩，只是色澤稍微暗淡。六界（六道）衆生都各有「毒性」或「罪性」，所以，這個「靈魂的複合體」，一方面接受勸導，透過諸佛聖尊的慈悲加持而求得解脫；一方面則設法避開隨他的心相所顯現六道中的某一道或某一界。

人死後大約十五天，便進入後期中陰階段了。如果這時候還沒有得到解脫的話，死者就要尋求「再生」或者「投生」了。此時，他生前的生活情形會顯得愈來愈模糊。他來生的一些預兆，在他最初動念的當頭會顯現出來，他的「靈魂複合體」便趨向注定轉生的那一道色彩。譬如，如果死者的業力將他導入地獄的話，他就會在那裏以一種微妙的靈體接受審判。儘管這種靈體不致於受到毀壞或損傷，但可以使他感到無窮的痛苦。此後，他也許進入天道或其他某一道，最後再度返回人間，重新製造業果。返回人間則是他在地獄所受惡報已盡或在天堂享受善報終了之時。但是，如果死者直接重生人間的話，他便可以看見世俗生活的幻影。

最後，死者終於出了「中陰」的世界，進入血肉之軀的子宮之中（入胎），再度回到人世經驗的清醒狀態，即生處中陰階段。

但是，對於一般人來說，對這個階段幾乎是一無所知的，他無法利用它來獲得徹悟的機會，反而在這個階段中逐漸下降，倒退到無意識和轉世的世界之中，再次墮入痛苦的生死輪迴之中。

而經過修鍊的人或上師們則不同。在這個階段中，他還是很「清醒」的，能控制自己的意識。譬如說，每個人在這一階段的旅途中，都會遇到神祇。開始的時候，這些神祇美麗寧靜、和藹可親，但後來卻變成醜陋猙獰、狂怒可怕的形象。一般的人就會因此而陷入無明的混亂之中，而上師們則很清楚：他們只不過是自己心靈的投影或想像罷了。對此如果視而不見，或置之不理的話，便很快能從混亂的狀態中擺脫出來，轉化為超驗的智慧了。

因此，中陰得度教導人們的是一種知所合一的精神境界。人們一旦獲得，對於死亡的境相即可得到控制力，能夠看透死亡的虛假本質，而得到免於恐懼的自由。更通俗地說，中陰得度教導人們記住，在適當的時候做適當的事情。但要做到這一點，一個人必須在生前，在他的心理上做好許多準備，他必須創造、建立、培養在他死亡之時以及在死亡之後，成就決定影響的種種能力，便於自動、自發地以適當的方式加以反映，以免在死亡的關頭到來之時有所不知。

衆眼看「中陰」

《西藏度亡經》在西方世界引起的震撼不亞於再一次的宗教改革對人的心靈的衝擊。德國喇嘛格敏達宣稱，對於尋求精神解脫的人而言，它是開啓人類內心神秘之處的一把鑰匙。而該書英文的初譯者埃文斯·溫茨則斷言：「本書將一切偉大信息中的最大信息，帶給如今轉生於這個地球之上的人類家庭的每一個分子。它向西方人民揭示了一種直到現在唯有東方人民通曉的『死亡之學』」。因此，他熱切地期望，西方能在《西藏度亡經》及其本身的基督教許多原則幫助之下，重新編組並實地練習「死亡的藝術」。

在很大程度上，中陰得度是用於死期臨近的人。理由不言而喻：它告誡虔誠修習這種教義的人應該珍惜他每一剎那的時間，就好像是生命的最後一刻那樣。而修習這種教義的人，一旦到了眞正死亡的時候，便能喚起初修此道時所得到的體驗，或者他的上師所傳授的眞言。更重要的是，提醒凡是具有肉身的人，都應該以愛心和幫助的意念在垂死或剛死的人的初期階段，不因感情的依戀，干擾或者影響死者的「平靜」狀態，使死者在沒有干擾的情況下順利地進入中陰狀態。從這一點上說，「中陰得度」不只是幫助死者而已，而且能協助生者對死者或死亡的現實採取適當的態度，眞正明白生而爲人的整個意義。

確實，「生的比鴻毛還輕，死的卻重如泰山」。人該怎樣面對人類的根本問題——生與死，是一個無可迴避的事實。藏傳佛教中的《西藏度亡經》給了我們許多啓迪：生而爲人，我們不應執著於世間生命而無限期的流浪生死。人面對死亡，不但應精神鎮定，神態清明，英勇無畏，而且心智上要有適當的訓練和指導，心靈上要能超越，必要時甚至肉體要忍受痛苦與虛弱。我們應時時牢記中陰得度的根本警惕！

因循苟且，不思死期將至！
虛生浪死，盡做無益之事！
浪擲大好時光，太無顧忌！
尚使空手而回，實在可惜！
既知聖法為你確需，
為何不專心致志？

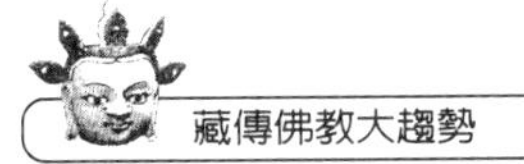

我是誰

活佛轉世過程裏能量的轉移，能使人從心底裏產生對生與死以及人類尊嚴的敬畏感。

活佛轉世，研究者們給他下的定義是：所謂佛在現實世界中顯身的肉體圓寂後，以化身的方式轉生為另一個肉體之人。它不昧本性，通過寄胎轉生，復接其前身之位。儘管這個定義是簡單而又明瞭，但對於那些對「玄而又玄」的藏傳佛教敬而遠之的一般人來說，仍然是如墜雲霧之中，愈想愈迷糊，心中總有千百個疑團：活佛是什麼？轉世又意味著什麼呢？是前一人的「複製品」嗎？即使是現代醫學界，好像也還沒有找出複製人的最佳方案來，所謂的腎臟移植也不過是把一個人的功能齊全的腎替換到另一個腎功能喪失的人身上，而其中還有好多相斥、抗體之類的問題目前仍然束手無策，藏傳佛教眞能有如此神奇的本事嗎？那是人的外貌、長相的延續呢？還是個性的聯結呢？人到底是什麼？這好像世紀末的情結纏住了你一樣，眞是剪不斷、理還亂。

問題一大堆，只好一個一個的來。首先告訴你的是靈魂是怎麼回事，輪迴又是個什麼樣的概念，這樣你就大概瞭解活佛轉世的基本理論了。但這還不夠，得經過實踐的檢驗。因此，接下來你會知道，活佛並不是人人能當的，他也必須經過艱苦的修習，運用高深的方法，才能掌握「自己」的命運，決定自己的轉世形式、地點和家庭等等，然後再完成他此生未盡的事業。如果下一世還無法完成，接著還會轉，直到他普渡眾生的使命完成為止。最後你會知道是哪一個聰明的人「發明」了這一制度，誰又是第一位幸運兒？轉世靈童是不是活佛的「複製品」，最終解開你心中的謎！

靈魂外寄

活佛轉世理論的產生歸功於兩個並行不逆的傳統，一個來自民間的靈魂觀，一個來自宗教的輪迴觀。

萬物有靈是我們的先民在認眞觀察世界和自身後得出的「普遍眞理」。那麼我們的先民又是怎樣看待自己的靈魂呢？恩格斯用簡潔的語言爲我們勾勒出了遠古人們的思維：「在遠古時代，人們還完全不知道自己身體的構造，並且受夢中景象的影響，於是產生了一種觀念：他們的思維和感覺不是他們身體的活動，而是一種獨特的、寓於這個身體之中的在死亡時就離開身體的靈魂的活動。……既然靈魂在人死時離開肉體而繼續活著，那麼就沒有任何理由去設想它本身還會死亡，這樣就產生了靈魂不死的觀念。」

緊隨靈魂不滅觀念而來的是靈魂外寄觀。靈魂外寄的觀念告訴我們靈魂是可以暫時或長期離開身體的。《金枝》的作者、英國著名民俗學家弗雷澤認爲，遠古的人把靈魂理解成具體的物質的東西，「有具體的體積，能夠看得見摸得著，能夠藏在箱子裏或罐子裏，同時也是容易受傷害、斷裂和粉碎的。這樣，靈魂不必要一定在人的體內，它可以離開身體，通過遠距離的感應和操作而使人體保持勃勃生機。……如果作爲靈魂的物體不受傷害，這人就活得很好，如果這個物體受到傷害，本人就要受害，如果這個物體被毀壞了，本人就要死亡。」一般來說，靈魂留在身體之內，受傷害的機會就多一些，於是我們的先民把自己的靈魂從體內取出，存放在一個溫暖舒適安全的地方，以確保平安，即使這樣，也有被傷害的時候。

藏北民間流傳著一個幸存王子報仇的故事。

古時候，在茫茫的藏北草原上，有一位風流好色的國王，他先後選中了九十九名姑娘入宮，但還不滿足，又迷上了羅剎女娜叉拉木孜，發誓非娶她不可。羅剎女出了一個狠毒的主意，必須將國王的九九名妃子活埋在背後的大山裏，她才答應嫁給國王。國王果眞這樣做了，把九十九個已經懷孕的妃子趕進了一個巨大的山洞，並且把洞口堵得死死的。妃子們在洞中饑餓難忍，就決定等她們腹中的孩子出世時，便用來充饑。

就這樣，九十八個嬰兒被吃掉了。第九十九個嬰兒與眾不同，剛生下來幾天就會走路，稍長一些，他得知了自己的身世，決心替他的媽媽們報仇。孩子想見他的父親，羅刹女就是不讓，幾次派他到羅刹女的哥哥那兒去，想讓他的哥哥把他吃掉，但幸存的王子有仙人老阿媽相助，幾次都闖了過來。這一次羅刹女又讓他找到她的姐姐，回來才能見到他的父王。

王子一路上拿草根充饑，喝雪水解渴，夜以繼日地走了數月後，來到有一頂烏黑色的牛毛帳篷的草坎上，他走近一看，那帳篷頂上黑煙滾滾，裏面風聲呼呼，皮風箱聲嚓嚓，使人毛骨悚然。王子壯著膽子走進帳篷，看見一個披頭散髮，脖子上長著一個比頭還大的肉瘤的老太婆正忙著煮人頭。王子提高嗓門喊了聲「蘇姆」（姨媽），撲在她的懷裏，接過毛茸茸的山羊皮風箱幫她鼓風燒火，並說自己是羅刹女娜叉拉木孜的親生兒子，從前如何去見過三位舅舅，如今又奉母命特來見姨媽，並要在這裏學到魔家的本領等等。老妖婆信以爲眞，領王子進山觀景。王子扶著老妖緩緩而行，忽然從雪線之間，鑽出一頭巨大的黑鹿，一對鐵角往岩石上亂擦，前蹄不住地踢地，鼻孔發出驚天動地的吼聲，表示對這位不速之客的不滿。老妖見疑，問王子：「你既然是我侄兒，那你知道鹿是誰的神魂之附物嗎？」王子思忖一下，心中默默祈禱：「但願老阿媽保佑，我說什麼就是什麼。」於是他不慌不忙地答道：「看來，這鹿是我阿媽娜叉拉木孜的神魂鹿。」老妖點頭稱讚道：「眞不愧是我妹妹的兒子」。王子扶老妖繼續往前走去。

他們邊走邊談，一會兒就來到了一個深深的黑谷裏。谷中長著三棵樹，每棵樹上盤著一條巨蛇。老妖問：「你知道這些蛇是什麼？」王子答：「這三條蛇莫非是三位舅舅神魂的附物？」「沒錯，是他們的神魂所依。」老妖滿意地說。她領著王子朝前走，在谷底深處有個大木盆，裏面全是昆蟲。王子不等老妖發問就說：「這些像是小妖小怪們的神魂吧？」「正是。」王子一個個看準了魔鬼的神魂附物，但他還不知道老妖的命根究竟是什麼。

當晚，王子佯裝非常高興，坐在老妖身邊問：「蘇姆，我們魔家的本領如此之大，尤其是我的三位舅舅和阿媽娜叉拉木孜，他們是天下無敵的嗎？」「哎，你這孩子不懂事，大千世界中的任何事物都有自己的天敵。你舅舅、阿媽他們的本事雖大，但不能說是無敵的。」老妖婆道。「哦，請原諒我的無知，能征服我阿媽和相布（舅舅）的人一定是很有本事的人。」王子問道老妖沈默一會，歎口氣說道：「那也不一定，關鍵是不能讓外人知道對付我們魔家的辦法。比如，不准讓任何人到我的帳篷背後去，那裏有塊石板，石板下面有紅黃綠三種土，如果有人拿這三色土撒到那三條蛇身上，那就糟了，必然造成蛇死人亡。那裏還有銀套和金斧，那是專門捉殺你阿媽的神魂鹿的。那邊的一根松香木是燒死角怪禿妖們的神魂蟲的，如果外人知道了這些秘密，那他們就眞都完了，眞可怕！」老妖說到這兒，顫抖了一下，沒再說下去。「啊！我知道了，蘇姆您是最强大的。」王子恭維似地說。「呸，如果有人對付我，那最容易了，我的命根就是我脖子上的瘤，只要有人連喊五次『阿意巴地給涕』（阿意的肉瘤破口囉），我脖子上的瘤立刻就會破裂，我也就會馬上氣絕而死。」王子掌握了征服妖祖妖宗們的辦法，內心充滿了快樂和自信。

第二天一早，老妖還未起床，王子跑到帳篷外，高叫五次消滅老妖的密訣，她的瘤子果然破了，老妖也死了。王子按照老妖說的辦法，殺死了三條蛇，燒死了昆蟲，多頭魔王三兄弟和眾小妖們也隨之死了。

顯然，鹿、蛇、昆蟲是妖魔們的靈魂寄託之物，一旦用銀套和金斧、紅黃綠三種土以及松香木等來對付他們，妖魔們便會命喪黃泉的。

靈魂轉世

靈魂轉世觀既是靈魂外寄觀的孿生兄弟，又是佛教基本教義賴以生存的基礎。

靈魂轉世觀認爲，一個宿主的肉體死亡以後，靈魂轉入了另一位宿主的肉體，並且把上一次肉體中積累的經驗帶入下一次投胎的肉體身上。經過一次又一次的投胎，不斷積累的經驗塑造並强化了靈魂。這樣的信念遍佈在全世界各個民族的先民中，藏族也不例外，在她的民間神話和傳說中充滿了這樣的故事。《格薩爾王傳》開篇第一卷《天界篇》裏便有這樣一段，清楚地表明無論是英雄還是惡魔，都是某個靈魂的轉世：

在北方極地的那邊，天湖的這邊，森林非常茂盛，各種野獸在森林中居住。在一個野牛出沒的狹谷中間，有一塊像犛牛般的黑色巨石，石頭中間壓著鐵蠍子三兄弟，兄弟三人一個咬著一個的尾巴，環抱在一起。一天，從東方漢地的五台山來了個金剛，看見巨石下的蠍子三兄弟，頓生憐憫之心，把鐵杆扔了過去，巨石立即被擊得粉碎。三個蠍子得救了，它們對天祈禱，又變成了九個頭連在一起的雪豬子。在三十三天界居住的大梵天王看見後，認為這是不吉利的徵兆，立即揮動水晶寶石，將雪豬子的九個頭齊刷刷地斬斷，變成四個黑頭，三個紅頭，一個花頭，一個白頭。四個黑頭滾下坡時，向天祈禱：我們是惡魔的精靈，但願來世能變作佛法的仇敵，世界的主宰。這四個黑頭，後來果然變成北方魔國的魯贊王、霍爾國的白帳王、姜國的薩當王、門國的辛赤王，這便是四大魔王的來歷。三個紅頭滾下山坡，第一個頭滾到丘陵地帶，後來轉世成為辛巴・梅乳孜；第二個又滾上山，變成禪師桑結嘉；第三個頭後來轉世成霍爾國的唐孜玉珠。那個花頭滾得很遠，邊滾邊祈禱：但願來世能投生在一個佛法昌盛的地方，後來他降生在嶺國，叫切喜古如，但未能成就大業。最後一個白頭抓起一把黃花，拋向天空，虔誠祈禱：但願來世我能變成降伏黑魔的屠夫，拯救眾生的上師，主宰世界的軍王。他的善良的心願實現了，成為威震世界的格薩爾大王。

除此之外，靈魂轉世觀還告訴我們，每一個靈魂還積累一本可以叫作精神收支的流水帳，也就是投胎以後善惡言行所產生的結果。上述諸點構成個人的因緣，決定他下次投胎時的社會地位和他將遭遇的禍福。這和佛教教導我們的如出一轍：每個人的一生所要經受的幸福和痛苦都取決於其前世的善惡因果報應。人們因其前世不同的所作所爲，使他們既可以超生，也可能下貶，或從動物變爲人，或從人類返回動物界。從這裏，我們不難發現佛教因果報應、輪迴轉世觀念的影子，這也能爲佛教深入人心的廣泛性找到最好的注腳。

輪迴化身

活佛轉世來自佛教的三身說理論。所謂三身，即報身、法身、化身。

1.法身佛，是對佛法的人格化。它象徵無所不在的佛法的絕對眞理性，也包含人的先天佛，這就是人能成就佛身的內在原因和根據。法身佛不顯。

2.報身佛，是指經過艱苦修習而獲得佛果之身的無漏功德者。報身佛則時隱時現。

3.化身佛，也稱應身佛，即所謂佛爲普渡世間眾生，根據三界六道的不同情況和需要而顯現的種種化身。化身佛的特點是隨機顯現。活佛轉世就是佛爲普渡衆生，引人從佛而顯現出的佛的化身。其實活佛轉世是漢族對藏傳佛教這種現象的一種形象的稱呼，藏語則稱「祖古」，就是化身的意思。再往細裏說，「祖」意爲變化，「古」則是身體之意，兩者加起來就爲「變化身」、「幻化身」、「化身」之意了，蒙語中稱「祖古」爲「呼畢勒罕」。

和三身說相應的是三身道理論。即每個人從最初拜師學佛到最後修成佛果，是一個逐步攀登階梯的過程，修行的階梯有上士、中士、下士三個不同的層次，故稱「三士道」。

第一步是下士道。又稱「人天乘」，因爲達到這一步的人不求解脫世間的苦難，只求今生今世的「快樂」，死後有一個好的去處。下士道的內容認爲修佛應該愛惜人這來之不易的一生，努力學習佛法，皈依佛法僧三寶，死後就可以在六道中上升一步，免墮地獄、餓鬼、畜牲這三惡趣，而轉生在阿修羅、人、天三善趣中。下士道只求自身的解脫，它的快樂也只是相對意義上的快樂，如果修習不好，還有墮入三惡趣的可能。

第二步是中士道。這裏不只是追求個人解脫世間輪迴之苦，還要求繼續修行達到涅槃境界，人稱「小乘」。它的主要內容以戒、定、慧三學之因，求取戒、定、慧三學之果，進入涅槃世界。戒就像屏風或是一道牆，可以像擋住風一樣排除外在的危害，這樣能使內心平靜下來，達到定。這時候，智慧之光便像蠟燭的光亮一樣得到發揮，從而由定而達慧。三者是漸進的，最後才進入涅槃世界。這時已自我成佛，但還不具備轉生入世、教化衆生的本領和資格。

第三步是上士道。不但自我成佛，還須普渡衆生，即人稱「大乘之道」。它的主要內容是要行六度，也叫「六波羅蜜」，即佈施、持戒、忍辱、精進、禪定、智慧。前三者爲前三度，後三者爲後三度，是既可度己，又可度人，可幫助他人脫離六道輪迴之苦，達到成佛的境界。活佛就屬上士道。

藏傳佛教認爲，一切眾生皆有佛性，因此人人都有成佛的可能。但首要的條件就是必須經過認眞反覆的艱苦修行，達到中士道以上就可以成佛了。雖然世間眾生都想成佛，但成佛的道路既艱苦又漫長，不少人毅力不夠，便中途而廢了，或者只想達到中士道，哪怕是下士道也就行了。但佛了知眾生心智的脆弱，頓生菩提之心，發願要解救眾生脫離苦海，與一切眾生共達涅槃世界，於是化身，投胎轉世來到現實世界，行大道、積善德，濟世渡人了。

掌握自己的命運——「奪舍大法」

知道了靈魂轉世輪迴，並不是說你就已經全部瞭解了活佛轉世的所有內容，活佛轉世和靈魂的轉世輪迴之間還有著根本的差別。活佛不同於一般眾生的重要差別就是，活佛已經成爲佛，是爲了眾生的利益而自願重返人間的。而對眾生來說，死後能重返人間並不是一件容易的事，更不用說是自願的了。而且活佛能反覆出現在新的受體內，直到他普渡眾生的使命完成爲止，這就是爲什麼達賴喇嘛已轉到十四世、班禪額爾德尼已轉到十一世的緣故。而普通眾生對自己死後的轉世已渾然不知，還哪裏知道自己的「第二世、第三世」之後是什麼?

更重要的是活佛能任意轉世於選定的人體之中。作爲已經成道了的靈魂，它可以根據當時的需要決定自己的轉世地點、父母以及家庭等，同時也可用多種形式在多種地方再生、問世，形式、地點也由其任意決定。這更是眾生可望而不可及的了。即使一些修行人，在他們修道還沒有取得成就的時候，如果死神突然降

臨到他們身上，他們也都是全不自主，由不得自己的。那麼人們不禁要問：活佛的這種本領是從哪兒得來的？難道是與生俱來的嗎？其實不然，他們也是通過修鍊一種高深的秘法才得到的。

這種高深的秘法叫「奪舍大法」，它屬於藏傳佛教密宗的範疇，是藏傳佛教噶舉派所特有的「那洛六法」之一。在藏文中，它叫「破瓦重覺」（**vpho-ba-grong-vjug**），因此「奪舍大法」又稱「破瓦法」。「破瓦」的意思是「轉移」、「遷移」，在藏傳佛教中一般譯成「往生」；「重覺」則是「奪舍」的意思。因此，「破瓦重覺」的意思就是往生奪舍，是指靈魂移入屍體而復活。「奪舍大法」的主要內容就是將「重覺」移入任何一個動物或人的屍體內，雖然其身體仍然屬於這個動物或屍體，但靈魂卻是別人的了。

「奪舍大法」是由噶舉派的祖師瑪爾巴從印度和尼泊爾傳入西藏的。根據《瑪爾巴譯師傳》的記載，他曾多次去印度和尼泊爾求學，師從那洛巴上師學習了「那洛六法」，歷時長達五、六年之久，而其中的「奪舍大法」就是他在第三次去印度求學時學到的。返回西藏後，瑪爾巴定居在山南洛札，精修教誡，終於獲得證悟。在他的傳記中有不少關於他修證「奪舍大法」獲得驗證的故事。

有位叫覺阿的人，聽說瑪爾巴會施奪舍大法，把自己的靈魂移到一隻死鴿的體內，心裏老犯嘀咕，總想親自去看一下奪舍法是眞還是假。機會終於來了：

有一天，在他的女織工那裏，有一隻白肚羊羔因喝多了酸奶，撐死了，羊屍在那裏。於是覺阿便到瑪爾巴尊前說道：「您給那隻死了的小羊羔，像鴿子一樣施一下奪舍法吧？」

瑪爾巴尊者便回答說：「我在印度得有金剛亥母的採英復活密訣，有智慧的妙方，才如此作的。」言畢，便在覺阿等許多弟子和施主聚集的地方說：「我在這裏施法，你們去看那隻羊羔將作些什麼。」覺阿求眾人如尊者所說，便到那隻死羊羔跟前去了。當瑪爾巴入定時，那只死羊羔便忽然站起並跳躍起來。紡織女工感到十分驚訝地歎道：「呀！它已經死了，怎麼如此地跳起來呢！」當準備拾物去打時，在場的人都連忙阻止說：「別打！那是瑪爾巴上師施行奪舍法的結果。」那位女織工說：「過去只聽說，今天親眼見了，真稀奇啊！」說著就停下織機，向著那隻羊羔和瑪爾巴大師方向頂禮膜拜。覺阿也對僧眾講：「設法把那隻羊羔送到師父尊前去！」覺阿自己也到了上師尊前。見到上師好像是圓寂的樣子。其餘僧眾也向那隻羊羔祈請道：「羊羔啊！請到上師貴體所在處去吧！」於是那隻羊羔便到了上師貴體的尊前，又跳了跳。後來師父醒來說道：

「三世諸佛大佛母，
她的取精不死智，
施用奪舍甘露藥，
使羊復活又跳舞。」

覺阿聽後，特別相信，請求灌頂，成為瑪爾巴大師的入室弟子。

瑪爾巴最初把「奪舍大法」秘訣傳給了他的兒子達瑪多德，誰知他很快派上了用場。有一次，他參加完阿姆秋盱節會後，在騎馬返家的路上，沙雞驚馬，令達瑪多德摔下，他的頭蓋骨摔成了八塊，臨死前，他就用「奪舍大法」把自己的靈魂遷入了一隻死鴿的體內，此後又根據他父親的指點，再次施「奪舍大法」，轉生到印度一婆羅門家裏，其後出了家成爲德行高深的聖人。

這樣，瑪爾巴又將這一秘法傳給了弟子促敦旺額。從此，「奪舍大法」開始在藏區廣爲傳播，藏傳佛教各派又根據自己的情況修習「奪舍大法」。

「奪舍大法」就其應用來說，大體有五種成就：一爲得法身成就；二爲得報身成就；三爲得化身成就；四爲三種想；五爲由別的有修持之人幫助死者以大悲心及法力，勾攝亡者的靈魂得以遷移往生。前三種在藏傳佛教密宗的無上密部中都有教授，後一種則是爲眾生所設。而只有第四種的「三種想」才是活佛轉世時用的「奪舍大法」，它的要點是能主宰自己的靈魂，隨意投生。

所謂「三種想」裏的三種即指氣、脈、明點（即心）。藏傳佛教密宗認爲，人體是由地、火、水、氣四種元素組成，氣則是這四種元素的統攝者。所謂人活一口氣，氣一斷，人也就死了。人死時，周身氣息逐漸收攝，所以手腳先冷，繼而心中的暖氣一斷，全身僵冷，人便死了。在氣息收攝時，地、火、水、氣隨之分解，人心中的那點暖氣就是人生存的風息所在，修「奪舍大法」就是要握住這口氣，把心連同氣一同搬走。而人體內則由氣、脈、明點三者構成。明點（心）是大樂的精髓，或者說是種子，它存在於人體內的脈道之中，而氣也是通過脈道來運行的，於是氣、脈、心三者就構成了相互制約和相互依賴的關係。這三種關係正好構成「奪舍大法」三種想的精要所在，因此，用通俗的話說，「三種想」所要達到的目的就是，靠人體內的脈道，把心和氣遷移到各個修習者所發願的往生（即轉世）之地。

但是要達到這一目的也並不容易。因爲心是無常多變之物，所以必須要用「明點」的內觀法把心攝於一點。這樣，在修「奪舍大法」時就必須在心中確立一個本尊，即某個特定的人格化了的神或者是佛，然後通過脈道把人體內的心和氣遷移到神佛所處之地。打個比方，達賴喇嘛是觀世音菩薩的化身，那就是說達賴喇嘛是以觀世音爲本尊，他圓寂後就往生（轉世）到蓮花聖手（即觀世音）所在的地方普陀山。而班禪則是以阿彌陀佛爲本尊，所以他圓寂後能往生（轉世）極樂淨土，成爲阿彌陀佛的化身。

如果修習者的本領很高，可以用不同的幾個本尊作爲對象來修習「奪舍大法」，則可以顯現出不同的形象。瑪爾巴就獲得過極好的證悟。據《瑪爾巴譯師傳》載：

米拉日巴離開上師之時，瑪爾巴問：「我的身可顯現各種佛身，或者現四大種（即地、火、水、風四種元素），或者什麼也不現，或者如彩虹相，或者如光明相，顯示種種神通變化，你看見了沒有？相信嗎？」米拉回答道：「看見了，不得不相信。我自己也想經過修習能夠達到如此境界。」

……此後，瑪巴郭勒等一些弟子，也見到了上師顯現出歡喜金剛、勝樂金剛、密集金剛、金剛亥母等佛像。遂請問上師：「怎麼了？」師父說：「……我在觀本尊的生起次第和你們的淨相二者同時出現而產生此相。」

於是，一些人看瑪爾巴大師的臥室及其他住處，都沒見其真身，只見亮錚錚一條金條；有些人看到清水在盤旋；有些人看到烈火在燃燒；有些人看到彩虹；有些人什麼也沒看到；有些人看到聚成的光團等等，出現的種種情景不一。

人們都來問道：「這是何故？」瑪爾巴說：「……此乃是我身體之脈、風、明點轉為精華，仍歸原處，與你們淨相同時所生的境界之緣故。」遂即唱道：「依止的脈與那動之風，還有莊嚴菩提心之馬，平等一味之鞭去抽打，光音無往無復而奔馳，有緣能見種種境界相。」

這也就說明了活佛爲什麼能用多種形式在多種地方轉世，而且形式、地點也由他任意決定。據說，在修習「奪舍大法」的中間，有一個「開頂」的過程，就是頭頂稍稍裂開，並且可以插入一根小草，這表明暖識已經有了去路，再進一步修習，就可以使靈魂自由自在，聽憑引導，這樣就可以不受六道輪迴之苦，自由投生。所以活佛往往在未死時便能預言後世，乃至投生之所，也能說出前世的因緣。

不過在修習「奪舍大法」時必須注意：奪舍大法是在人壽剛盡的時候才可以使用，而且在圓寂之前又要修鍊生起次第，等修完圓滿次第後，才可以施行「奪舍大法」投胎轉世。修習者如果能自如地運用「奪舍大法」的話，他就已到了一切無阻礙的境界了，死亡之詞對他來說已不復存在。但爲了普渡衆生，他們寧願重返人間，再受苦難。從這一點上說，他們的精神是無比高尙、可嘉的。

活佛的使命

活佛是指已經修行成佛的人，在他圓寂後爲了繼續完成普渡衆生的善緣，再度轉爲世上人，以人的肉體爲其顯身。活佛不同於一般出家人的地方在於，「作爲個體——一個個具體的人，他們的血肉之軀會消亡，像普通人那樣死去，但他們的精神常在，他們的靈魂不會滅亡，他們會一代一代往下傳。一個活佛圓寂之後，他的化身就會降臨人世，繼承他的事業，不斷如此。」一句話，活佛重返人間的主要目的只有一個：普渡眾生。這些都是藏傳佛教圈外人士告訴我們的「眞理」，那麼藏傳佛教的高僧大德們又是怎樣看待活佛輪迴、化身的呢？

耶喜喇嘛告訴我們：

「一個喇嘛僅獲得最高的空性智慧是不夠的。空性導向涅槃的境界，能夠熄滅苦難，但當身邊的人們仍然陷落在自造的塵泥中，處於無知的悲慘狀態時，這種勝利是空洞的，涅槃是十分自我的。因此喇嘛們要不斷地回來，直到所有眾生都明白解脱的方法。這雖然是個漫長而艱辛的過程，卻是達到徹底而唯一的途徑。」

達賴喇嘛也說：

「菩薩轉世的目的，完全是為了幫助眾生，因為他們自己已經達到最高的境界了。他們並不是出於一種自我的欲望，這種自我的欲望是與涅槃無份的。他們是出於一種內心裏不由自主的悲願來轉世救助眾生。通過這種途徑，眾生也可向上升遷，到達成佛的境界。每逢條件適宜，菩薩就會轉世重返人間，但是，這並不意味著他們已脱離了涅槃的境界。這就好比月亮的倒影一樣，每逢條件適宜時，人們可以在平靜的湖泊和大海上看到月亮清晰的倒影，而月亮的本體還是留在天空自己的軌道中運行著。如同月亮可以同時在許多地方有自己的倒影一樣，佛也會同時以許多不同的形象化身。對這種轉世者來說，他們每一生的願望，都會影

響他們重生的時間和地點。對於一些弘法的工作來說，一生的歲月是不夠的，它需要更多的時間來完成前生已經開始的工作。所以，在這種情況下，轉世是有幫助的。」

活佛的使命眞有如此神聖嗎？當我們懷著這樣的疑惑，在藏傳佛教的歷史進程中細細尋覓時，我們驚訝地發現，這是一個有幸而言中的事實，是一個歷史促成的機緣，而這一切首先要歸功於一個叫做噶瑪拔希的人。

噶瑪拔希（一二〇四—一二八三）是噶瑪噶舉派黑帽系的首領。他所生活的十三世紀，對整個藏區來說，是一個混亂紛呈的時期。藏傳佛教各派林立，世俗的農奴主、貴族們各據一方，稱王稱霸，各派政治、宗教勢力之間瀰漫著鬥爭的陰影，大有一觸即發之勢，各派都想吃掉對方，壯大自己。而它們的內部同樣也存在著激烈的派別之鬥和權力之爭。這是一個政局動蕩、群雄競爭、互相攻伐、彼此兼併的「戰國時期」，一個部落、教派的興衰都寄託在他們的領袖人物身上，因而領袖人物的傑出與否，有沒有凝聚力、號召力，關係到整個集團的生死存亡。

噶瑪拔希正是這樣一位傑出的領袖人物，他有著不平凡的一生，在藏傳佛教的傳說中是一個僅次於蓮花生大師的「神通」人物。他生在康區，聰穎過人，相傳五歲就已精通誦讀，十歲前後，一念佛經就能了然於胸。他到楚布寺出家以後，便逐漸有了名氣，後來他回到老家收徒傳教，據說不久即有五百門徒雲集。一二四七年他返回楚布寺時，已是譽滿康區的噶瑪噶舉派高僧了。他的名聲很快傳到了忽必烈的耳中，當忽必烈于一二五三年南征雲南大理經過康區的時候，就派人到楚布寺召請噶瑪拔希，到川西北的絨域色都地方會面。忽必烈見噶瑪拔希確實法力不俗，就想把他留在身邊隨侍左右，但噶瑪拔希執意不肯，辭別忽必烈後前往寧夏、甘肅和內蒙古一帶教授佛法，這一舉動爲他以後的不幸埋下了禍根。

一二五六年，正當他準備返回西藏的時候，接到了蒙古大汗蒙哥邀他前往的詔書。噶瑪拔希欣然應允，來到和林，受到蒙哥以及阿里不哥的崇信，噶瑪拔希便報以崇恩，向蒙哥和他的眷屬傳授密法，蒙哥則賜給他一頂金邊黑色僧帽及一顆金印。黑帽系的名聲更是廣爲傳揚，而這又是禍起蕭牆的鐵證。

一二五九年蒙哥去世，忽必烈和他的小弟阿里不哥之間展開了一場爭奪蒙古大汗的鬥爭，阿里不哥不敵而敗，忽必烈榮登汗位。噶瑪拔希因有助阿里不哥之嫌，加之以前的舊帳和忽必烈國師八思巴的慫恿，被投入監獄，後來又被流放到蓋烏曲地方，他的門徒中也有兩人被處死。直到一二六四年，忽必烈想到噶瑪噶舉派在蒙、藏地區有較大的影響，才把噶瑪拔希釋放，並准許他自由傳教。

噶瑪拔希經歷了這一連串的磨難後，充分認識到教派、政治鬥爭的殘酷性，也意識到雖然他在政治、宗教上有著較高的威望，他在康區以及寧夏、甘肅、青海、內蒙一帶的地位就連薩迦派也難以動搖，但潛在的威脅已經來臨：一旦我辭世西歸，在黑帽派中便留下了巨大的權力眞空，無論是我的弟子，還是別人，都沒有我這樣的能力和威望來領導這整個黑帽派。那麼，在外來說，黑帽系更加無法同薩迦派相爭，有被薩迦派瓦解、吞併的危險；在內來說，弟子們也已明爭暗鬥，面和心不和，有發生分裂的危險。應該找到這樣一種方法，用一個人做我的繼承人，保留我的威望和影響，以維護黑帽派內部的團結和統一。於是噶瑪拔希在彌留之際，把弟子鄔金巴叫到自己跟前囑咐道：「我死後，在遠方拉堆地方，肯定會出現一名能夠繼承黑帽派法統的傳人。在他誕生之前，你要繼承我的事業，主持政教事務」。說完就從頭上摘下金邊黑帽，戴在鄔金巴的頭上，旋即示寂。不久便眞的在拉堆地方找到了噶瑪拔希的化身——年僅一歲的攘迥多吉，繼承了他的

法統。

噶瑪拔希用「活佛轉世」的辦法，解決了繼承人的問題，避免了一次重大的領導危機。活佛轉世的第一次出現就使藏區免遭了生靈塗炭的局面，換來了政治、社會的平衡，你能說活佛不是出色的完成了使命嗎？

隨著活佛轉世制度的形成和推廣，藏傳佛教各派都形成了自己的轉世系統，就連蒙古地區也不例外。清代有著名的四大活佛系統，即達賴喇嘛系統、班禪額爾德尼系統、哲布尊丹巴活佛系統和章嘉呼圖克圖活佛系統，到清末爲止，藏傳佛教各系、派的大小活佛轉世系統達幾千個之多。大、小活佛們利用自己的勢力和威望，在諸多的政治鬥爭中，充當各派政治力量間的協調人，避免了許多政治危機、軍事戰爭的發生。看了章嘉活佛的幾個小故事以後，您也許會點點頭，認爲確實這樣。

三世章嘉活佛若必多傑（一七一七—一七八六）是青海佑寧寺的寺主，曾受到康熙、雍正、乾隆三代清朝皇帝的供養，被封爲「灌頂普惠廣慈大國師」和呼圖克圖，掌管北京藏傳佛教事務。作爲活佛，他在力所能及的範圍內一直追尋佛陀「普渡眾生」的鴻願。

話說藏曆水虎年（一七二三年），康熙皇帝駕崩，雍正皇帝即位。青海蒙古貴族羅卜藏丹津以爲根基已固，借機作亂，雍正皇帝派出年羹堯將軍，率兵平息了羅卜藏丹津之亂。期間，有幾個佛門敗類助紂爲虐，幫助蒙古叛軍幹了不少壞事。雍正皇帝盛怒之下，不分青紅皂白，對青海一帶的寺廟大降其罪，殺了不少的喇嘛和扎巴，佑寧寺也受到了株連，一把大火化爲灰燼。小靈童若必多傑因遭兵亂，只好隱藏在離佑寧寺大約兩天路程的一個地方。有一天，不知怎麼的，雍正皇帝突然想起二世章嘉活佛的種種好處來，不禁對活佛的轉世靈童深懷擔憂，焦急如焚，便立即給年羹堯將軍下了一道諭旨：「朕之章嘉國師轉世活佛，駐錫彼方，速急迎請，安全護送至京！」諭旨很快從北京傳到了西寧。年羹堯將軍一接到皇帝諭旨，便下令：對十五歲以下的小孩，嚴禁殺戮。並宣佈如果發現這樣的幼童，必須親自送交到將軍之手。身爲活佛的若必多傑就因這一層關係，使得很多同齡的孩子得以死裏逃生，免遭劫難。

章嘉若必多傑活佛到了京城之後，雍正皇帝不僅讓他跟隨士官喇嘛學習佛法教義，並且讓他與皇太子（即後來的乾隆皇帝）一起讀書學習。作爲活佛，他的菩薩心腸又處處得到了體現。

有一次，正值第七世達賴喇嘛選認轉世靈童。其中有一個來自山南的靈童被否決掉了，但住在前藏格倉山的扎底格西把他帶到自己的住處，暗中傳播，說他才是眞正的七世達賴喇嘛轉世活佛。有些愚昧無知的人聽到後跟著起哄，這樣西藏便出現了兩個轉世靈童。駐藏大臣唯恐影響西藏的安寧，趕忙把這件事上呈清朝皇帝。皇帝聽後，龍顏大怒，派人找來章嘉活佛，商議道：「此事事關重大，它危及達賴喇嘛的事業，只有把那個詭稱爲達賴喇嘛的轉世活佛和扎底格西召進京來，處以死刑，才能平安無事。」章嘉活佛一聽，立即勸阻，說：「陛下！這萬萬使不得，陛下眞要把他倆人處決了，那就會給佛教的臉上抹黑。不如把那個小孩送到札什倫布寺，讓他去作班禪大師的僕役，讓這場動亂自然平息。這樣既顯得陛下仁慈開懷，又不妨礙達賴喇嘛的事業，豈不是更好嗎？」皇帝聽了他的意見，就按章嘉活佛的意思立即給駐藏大臣下了一道諭旨，這兩個人才得以死裏逃生。

第一位幸運兒

也許攘迥多吉（一二八四—一三三九）注定要成爲西藏的第一位轉世靈童的。因爲他的出生地後藏貢塘

地方是噶舉派一代宗師米拉日巴的故鄉，而且出生後就有許多奇特的徵兆：能說出前世和轉世的情景，對讀、寫和一切教法一學就通。更令人驚訝的是，當攘迥多吉跟隨父母從後藏來到楚布寺的經堂時，他竟然大大方方地坐在了鄔金巴對面的高座上，而這高座正是鄔金巴為他的師傅噶瑪拔希準備的。鄔金巴既驚奇又欣喜，驚奇的是這個孩子儀態不凡、無拘無束；欣喜的是，直覺告訴他，師父圓寂前的囑託就要實現了。於是他問道：「孩子，你為什麼坐在我師父的座位上？」攘迥多吉回答說：「你上師就是我。」鄔金巴激動了，他終於沒有辜負噶瑪拔希上師的囑託，攘迥多吉已活生生地站在他面前，上師的轉世非他莫屬。於是在攘迥多吉五歲的時候，他被迎請到噶舉派主寺——楚布寺，學習一些簡單的教義和儀軌。七歲時，由鄔金巴上師給他灌頂，當之無愧地成為噶舉派黑帽系的第一位活佛，也是藏傳佛教歷史上的第一個活佛。

幸運的攘迥多吉同樣也是勤奮、好學的。他師從宣奴降秋巴、格頓仁欽學習戒律，跟隨釋迦宣奴學習法相學，從喇嘛多丹那措瓦處學習達波噶舉等教誡，以及前世、今世的全部教法，……我們還可以列出長長一大串的名字和他所學習的顯密教法，他成了名符其實的噶瑪拔希，事實上的黑帽系政治、宗教領袖，每到一處，都能顯示其無比的威力和先見之明。下面我們便從《紅史》中摘取幾段小故事，以證事之不虛。

他「前往多康到達拉頂寺時，看到森林中燃起大火，故生大悲之諦力，使煙火中龍神顯現降下大雨，火馬上被熄滅。到崗波聖地……調伏人和非人之後，還調解了東方闊拉蒂地方的糾紛。」

一三三一年，攘迥多吉接受元文宗圖帖睦爾的邀請，準備動身前往漢地。七月，他來到衛藏，準備和薩迦派帝師貢噶堅贊會合一同前往。誰知到達當雄時，已是隆冬的十一月，卻雷聲大作，發生了日蝕（按佛教的説法，日蝕是九大曜裏的「劫火」遮住太陽時出現的），天又降大雪，攘迴多吉預言説：「大皇帝有性命之災，我們不必前往」。於是返回楚普（即楚布）。果不其然，元文宗於當年死在起輦谷。

一三三七年，攘迴多吉到元大都為元順帝作法事。「八月，他察知晉米縣將發生大地震，所以他從屋裏搬到外邊，居於平壩之上。地震時，全城毀壞，百姓都逃跑了，凡是到攘迴多吉面前祈求保佑的百姓、上師和弟子們均未受到一點損傷。」

我們查《元史．五行志二》，果然有至元三年（一三三七）十一月辛巳夜，京師地震的記載。

攘迴多吉在漢地不遺餘力地傳授佛法，贏得了元皇室的普遍敬仰。一三三四年五月十五日被元順帝賜封爲「曉悟一切空性噶瑪巴」，並敕書、國師印、金子牌符等。

一三三九年，攘迴多吉因病圓寂於元大都。其實早在一三三〇年靜修時，已有授記告訴他這一切，他此生未竟之業，將在工布轉生而完成，他的轉生即人稱「遊戲金剛」的乳必多吉。

輪迴的證據

達賴喇嘛説，轉世的主要證據，永遠必須從孩子身上表現出來。這句話可謂一語中的，道破了轉世靈童的奇特之性。幾乎在每一位活佛的轉世靈童身上，都表現出了他們不同尋常的聰慧、靈秀。同樣，幾乎每一

個人都能在靈童身上發現他熠熠生輝的地方——既老成又年幼的混合體。

三世章嘉活佛是一個極聰穎的孩子，前世的言行彷彿是與生俱來的，揮之不去，驅之不散。二世章嘉活佛的弟子土觀・洛桑卻吉尼瑪大師用這樣一首詩表達了弟子們對轉世靈童的驚喜和敬仰之情：

前世的經歷像一幅圖畫，
清晰地映現在靈童心中。
人說洛桑卻丹已經圓寂，
由此看來所說全是假的。
靈童講說往事猶如驚雷，
震動弟子信徒們的心靈。
歡喜和信仰像聚集濃雲，
淚水如雨絲不斷地滴落。

小靈童的出現，勾起了他們對上師的回憶，一切都那麼清晰，彷佛二世章嘉活佛又回到了他們的身邊：一七二〇年的六月初一是一個吉祥的日子，天湛藍湛藍的，風輕拂著人們的臉頰，彩虹爲山谷架起了幾座五色橋。太陽剛露出笑臉，噶欽喜饒達傑一行就開始在寢帳爲小靈童舉行盛大的宴會。宴會熱鬧的氣氛，勾起了小靈童的遐思，康熙皇帝御駕親臨多倫諾爾二世章嘉活佛寢宮用茶時的情景彷佛就在眼前，小靈童於是對這些遠方的客人宣稱：「從前，皇帝帶著滿山遍野的侍從前來，擊鼓吹號，法螺喧天。皇帝進屋後，立即獻茶。」遠方的客人頓時憶起了上師那輝煌的時刻，不覺虔誠頂禮，熱淚盈眶。

小靈童被認定坐床後，便一直住在青海佑寧寺的章嘉拉章佛殿。年僅四歲的他對前世的一切是那麼的熟悉。有一次章嘉拉章的管家想把二世章嘉活佛修持的釋迦牟尼銅像捐獻給寺院，可是就是一時想不起來放到哪個箱子裏了，裝佛像的箱子一大堆，翻來翻去，不知要花多少時間，管家眞是一籌莫展了。小靈童看到滿臉愁雲的管家，二話沒說，拉著他走進佛堂，指著一個箱子告訴管家，就在這個箱子裏。管家打開一看，釋迦牟尼銅佛果眞安詳地坐在那裏，臉上露出一絲不易察覺的微笑，彷佛是對小靈童的深深讚許。

一七二一年七月十七日，一場瓢潑大雨光臨了佑寧寺，小靈童望著深深的泥水坑，突然冒出這樣一句話：「我去皇宮時也下了這樣的一場大雨，路很難走。」噶欽喜饒達傑一怔，忙問道：「當時您說什還記得嗎？」小靈童說：「當時我說：『天降大雨，我們是走好，還是停留下來好？』」噶欽喜饒達傑不再說什麼，可是內心卻湧出一股敬仰之情，因爲當初二世章嘉活佛去皇宮時，他也是隨行人員，途中碰到的那場大雨和當時的對話他仍歷歷在目。

不用再舉更多的例子了，藏傳佛教高僧大德的傳記中充滿了這樣的神奇故事，無論哪一本書都能爲你提供靈童們輪迴的活生生證據。

早期的西方人士同樣也沒有忘記爲他們的同胞講述這樣實在有趣的故事，因爲它的存在同樣能爲他們的遊記增添幾分吸引力。

一七八三年時，丹白尼瑪已被認定爲六世班禪羅桑巴丹益喜的轉世靈童；英國東印度公司的塞繆爾・忒涅和桑德斯醫生便有幸成爲拜見七世班禪的第一批西方人。塞繆爾・忒涅一行是一七八三年四月底從加爾各答啓程赴藏的，九月下旬抵達札什倫布。十二月的第一個星期，忒涅和桑德斯被帶到離札什倫布有兩日騎程

的德帕林寺——小靈童未坐床以前的駐錫地。等待已久的時刻終於來臨了，忒涅的心情和小靈童一樣激動，靈童的父親告訴了忒涅這樣一個事實：小靈童「醒得很早，在英國人來之前，他無法入睡」。

靈童年僅十八個月，莊重地端坐在約四英尺高的一堆絲墊上，他的父母分別站在兩側。忒涅細心地爲我們描繪著對那時的西方人來說難得一見的場面，他的父親身穿黃緞，立在靈童的左邊，他的母親頭戴飾有寶石的帽子，立在右邊。忒涅和桑德斯則坐在小靈童的對面。

顯然，忒涅完全被這個小靈童迷住了，對他明顯的理解力驚訝不已。「自我們進入寶殿的整個期間，我發現喇嘛的雙眼很少從我們身上移開。當我們的茶杯已喝空時，他感到很不樂意，將頭仰向後方，緊皺眉頭，不斷地發出聲響，因爲他還不會講話。他就這樣一直讓人給我們斟滿杯子……（然後）他從一個裝著糖果、點心的金瓶中拿出一些焦色的糖，伸出胳膊做了一個動作，要他的僕從遞給我。」

忒涅講了一段很短的話祝賀六世班禪的轉世，小靈童完全被吸引住了。「這個小生靈轉向了我們，在我向他講話時，其目光牢牢地盯住我，表現出一種持續的注意力，輕輕點點頭，就如同他已聽懂，並贊成我的每一句話……」。忒涅不得不承認，「儘管他還不會講話，但這個孩子最富於表情，其舉止端莊，令人十分驚異。」

當忒涅對小靈童的表現感到驚異之時，小靈童的侍從們似乎也從兩位英國人的反應上再一次看到了小靈童所顯示出的威力。當時的一份藏文文獻爲我們留下了這樣一段分析：「雖然他們對於佛教教義一竅不通，但他們凝視扎什喇嘛尊顏所獲得的結果便是一種不可抗拒的信仰潛入了其身。因此，他宣佈說：『在一個如此幼小的靈童身上就有如此神奇和與衆不同的身、語、意的活動』。這一切都是他們懷著極其崇拜的心情傾

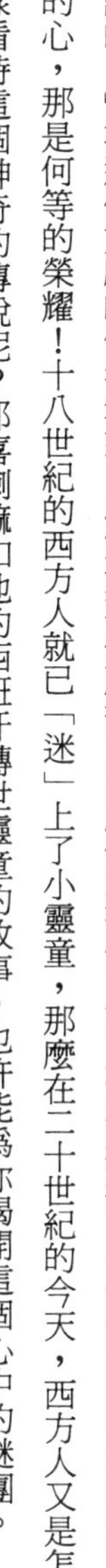

訴的。」在那個文獻的作者看來，小靈童不但贏得了同胞們的敬仰，而且竟然捕獲了「金髮碧眼」的西方人的心，那是何等的榮耀！十八世紀的西方人就已「迷」上了小靈童，那麼在二十世紀的今天，西方人又是怎樣看待這個神奇的傳說呢？耶喜喇嘛和他的西班牙轉世靈童的故事，也許能爲你揭開這個心中的謎團。

心靈的延續—耶喜喇嘛和他的西班牙轉世靈童

轉世的證據，永遠必須從孩子身上表現出來。

迷你喇嘛

一九八七年三月十七日，對西方的藏傳佛教徒來說，是一個不尋常的日子。這是格魯派高僧們認定的一位西班牙轉世靈童的登基之日。據路透社印度達蘭莎拉電：「兩歲的西班牙男童歐塞爾・陶瑞斯，今天一面嘻笑、叫鬧，一面吃糖，正式被奉爲轉世西藏喇嘛，就任一所寺院的住持，成爲全球年紀最小的喇嘛。」

「歐塞爾」在藏文裏是「金光」之意。他是西班牙人陶瑞斯夫婦的第五個孩子。歐塞爾・陶瑞斯幸運地成了西藏格魯派活佛土登耶喜的轉世靈童。土登耶喜是格魯派高僧，生前致力於在西方傳播藏傳佛教，創建了數十個藏傳佛教中心，深受西方特別是歐洲佛教徒的摯愛和崇敬，一九八四年三月三日在美國的加州圓寂，年僅四十九歲。

耶喜喇嘛曾經說，一位眞正的大乘佛教徒，當他去世後，他會不斷地回來，直到他帶領一切衆生得到覺悟爲止。耶喜喇嘛果眞信守「諾言」回來了嗎？人死後眞的能以另一個身體重生嗎？預測轉世的過程合理嗎？歐塞爾眞是耶喜喇嘛的轉世嗎？這一大堆問題縈繞在每一個西方的藏傳佛教徒心中。歐塞爾的出現成爲他們解開心中之謎的一把鑰匙，也使西方的佛教徒們眞正領受和窺探到了藏傳佛教最具魅力的部分——「活佛轉世理論」。

靈童的誕生

一九八五年二月十二日，電閃雷鳴，大雨滂沱，在西班牙格拉那達州立醫院裡歐塞爾・陶瑞斯平靜地來到了這個世界，他沒有哭，眼睛睜得大大的，彷佛要把這塵世看個透。分娩室裏充滿了隆重而安詳的氣氛。

直覺告訴醫院的醫師們，他是一個特別的孩子，一種不尋常的感動從心裏湧出。當他的爸爸——已是四個孩子的父親——帕可看到他時，突然產生一股敬畏感：只因為「他的臉充滿了光芒」，於是他便有了自己響亮的名字：歐塞爾。

一如醫院裏的平靜，歐塞爾來到了阿普加拉高山上布比昂一個可愛的鄉村、他的家。他從來不哭，即使他的媽媽瑪麗亞忙著照顧他的哥哥姐姐而忘了餵他的時候也是一樣。他清醒地躺在四面圍著欄杆的搖籃裏，靜靜地，等待他母親的來臨。每天晚上他一覺睡下，醒來時便是天亮，彷彿他來到這個世界上，不想給這個家庭造成任何麻煩或不方便。

而且，自從家裏有了他，好運便隨之而來了。他的家雖然很幸福，但生活一直很艱苦，他父母掙的錢非常少，常常負債，在壓力下生活著。現在，帕可因布比昂開始建造一家新旅館而得到了營造商一份工作，他拚命地工作，很快賺到了錢，可以為他們添幾間急需的房子。他們的壓力解除了，生活開始改善，而這一切才剛開始。不久，他們的生活因歐塞爾而有了更加令人震驚的改變。他——歐塞爾·陶瑞斯被正式認定為土登耶喜喇嘛的轉世靈童。

神諭·夢兆

按照藏傳佛教的傳統，尋找轉世靈童有著一套相當嚴格、特定的程序。卜問神諭便是最初的一個重要內容。土登耶喜上師的弟子梭巴懷著一顆虔誠的心，開始為他上師的轉世而奔波，他卜問了許多次，得到了好幾種指示，一個神諭告訴他，耶喜喇嘛將成為他的學生中一對西方夫妻的小孩；另一個神諭則確切地告訴

他，這個孩子生在歐塞林，他母親的名字叫瑪麗亞，或者是藏文的同義名字。而一位具有超人洞察力的梭巴喇嘛的學生看鏡子時，得到了帕可這個名字，而且看見了孩子母親的側面。這一切雖然並不永遠可靠，可是在冥冥之中，又確是預示著什麼。

夢兆和神諭一樣，是尋覓轉世靈童時不可或缺的一個證據，因爲藏傳佛教中對夢的重視甚至要超過現實本身。在歐塞爾的降生前後，很多人便有不少夢中感應出現。

瑪麗亞懷孕後不久，就做了一個夢：她身處在一個很大的教堂裏面，耶喜喇嘛正在對很多人傳法，其中有不少基督徒，他們不是盤腿坐著，而是跪在地上，接受喇嘛的祝福。當耶喜喇嘛碰到她的時候，她感到好像是水、金黃而白色祝福的水流了她一身，把她淨化。

而身爲主持尋覓過程的梭巴喇嘛也做了有關的兩個夢。第一個是非常生動清楚的夢：耶喜喇嘛宣佈他要轉到另一個人身上了，因爲他聽見他的學生對他喊叫，他們在受苦，他們需要他，他已經無法忽視他們悲慘的情況，而停留在福佑的境界裏。緊接著在第二個夢中，梭巴喇嘛看見一個眼睛很亮很銳利的小孩子，他在一個靜坐間的地上爬著，他是個男孩，是西方人。而瑪麗亞懷上歐塞爾的時間也正是梭巴第一次夢見耶喜喇嘛的時候。

英國著名女記者維琪在拜訪歐塞爾之前的幾個月，突然做了一個很有意思的夢：「在一個大房間裏，擠滿了西方的佛教徒，耶喜喇嘛走了進來，他開始和我說笑，不一會兒又離開了。當他重新出現的時候，帶著一個嬰兒，他把嬰兒放在我的手臂上，然後又離開了。我吃了一驚，因爲這不是我的孩子，事實上，他是另一位西方佛教徒的。」

姬亞・巴珊，一位嬌小、吸引人的埃及尼師，耶喜喇嘛的廚師和總管，同樣是個非常會做夢的人，而且常常正確得不可思議。當耶喜喇嘛在美國病危的時候，她做了一個非常清晰的夢，夢裏有一群人，耶喜喇嘛則在他們上面的天空裏，他看來很快樂，但絕對已經離開了我們。當梭巴喇嘛四處尋找轉世的線索時，她正在達蘭莎拉閉關，快結束的時候，她做了一個夢，「我看見一個大約六歲或八歲的孩子，他從樹林跑過，面上帶著喜悅的表情。我特別注意到他的眼睛，他的眼珠呈黑色，兩眼距離較近，他的鼻子特別短，身上穿著茶栗色的短褲，以及一件黃色襯衫，是西藏僧袍的顏色，他的面孔就是歐塞爾的臉，但是是長大後的歐塞爾。」當梭巴喇嘛回到達蘭莎拉時，歐塞爾也隨之而來，當姬亞・巴珊站在歐塞爾面前，向他鞠躬時，她發現他的腳就是耶喜喇嘛的腳，「然後我抬頭看到他的臉，他的鼻子、眼睛是很特殊的，毫無疑問這就是我夢中那個孩子的臉。」

預言・測試

形勢確實對小陶瑞斯愈來愈有利。耶喜喇嘛在一九八三年二月訪問歐塞林——陶瑞斯夫婦創辦的西班牙閉關中心時，對閉關中心的實際事務提出了一些建議，曾說「歐塞林是一個如此美麗的地方，它使我常常想起喜馬拉雅山，但願將來有一天，我能常常待在這兒。」這似乎是一種預言，在藏傳佛教信徒看來，這很重要。而接下來的一段就顯得更爲重要了。耶喜喇嘛曾對帕可和瑪麗亞說：「我知道你們爲閉關中心做了許多貢獻，也知道你們是多麼的盡心，我永遠不會忘記你們，即使我死了，我也永遠不會忘記你們，我們之間存在許多故事和因緣。」

該是給小陶瑞斯測試的時候了。測試是選擇轉世靈童時最關鍵的一步。因為每當一位活佛圓寂後，各地會有許多聰穎的孩子出現，或多或少地表現出種種異象。譬如出生時，天空會出現彩虹，彷彿有天樂鳴奏，祝賀孩子的誕生，或者小孩一生下來，便會說話，告訴家人，我是某某活佛。這一次同樣如此。已經出現了近十個有異象的孩子，每一位都顯示出與耶喜喇嘛親近的跡象。其中有三位來自尼泊爾的藏族孩子，兩位耶喜喇嘛出生地的孩子，兩位西方孩子，其中一位的父親是印度人，母親是西方人。當然，另一位就是小陶瑞斯了。

小陶瑞斯沒有令他們失望。梭巴喇嘛遵循著藏傳佛教尋找轉世靈童的一般傳統，他找來了一些耶喜喇嘛生前所用的東西，把他們和其他幾乎一樣的而且更加鮮豔、發亮的東西混在一起，然後他要十四個月大的歐塞爾把屬於「他」的東西拿出來。

首先測試的是念珠。耶喜喇嘛生前最喜愛的是一串相當普通的木頭念珠。梭巴喇嘛把它和四串形式幾乎一樣的念珠一起放在一張矮桌上，其中有一串閃閃發亮的水晶念珠，這對一個一歲多的孩子來說是極具吸引力的。梭巴喇嘛做好這一切後，他命令歐塞爾，「把你前世的念珠交給我」。歐塞爾彷彿沒聽見，在那兒停頓了一下，突然迅速而毫不猶豫地拿起那串極普通的木頭念珠。他的兩隻小手緊緊抓著念珠，並且把它舉過頭頂，露齒而笑——像是勝利的致敬。

接下來是金剛鈴。梭巴喇嘛一共放了八個，歐塞爾開始玩起來，他把鈴成對的舉起來，搖搖又放下。梭巴喇嘛像前一次那樣命令他：「把你前世的鈴拿給我」。歐塞爾不聽，繼續玩著所有的金剛鈴，一會兒拿起，一會兒放下。於是梭巴喇嘛一再指示，「歐塞爾，把你的鈴給我。」歐塞爾終於聽見了，他敏捷而又快速地拿起梭巴喇嘛的手，把它放在正確的金剛鈴上面。

測試通過了，可是這個金髮碧眼、裹著尿布、剛剛會蹣跚走路的西方小孩，眞的是耶喜喇嘛的轉世靈童嗎？這對耶喜喇嘛的許多西方信徒和學生們來說是難以完全接受的，他們之間形體截然不同！他們需要時間，同時也需要更多的證據。

尋找證據——靈童的故事之一

梭巴喇嘛所做的正式測驗，只是確認歐塞爾眞正身份的開端。這個金髮碧眼、蹣跚走路的孩子帶著權威的儀容，以他的語言、舉止和習慣性的動作，不停地向人們展現「屬於耶喜喇嘛的神奇記憶」。英國著名國際女記者維琪在追尋這些故事的過程中，耳聞目睹了許多活生生的例子，無法不爲他們的故事所吸引，也無法不相信述說者的眞誠，於是她用心和筆，記錄下了這一串神奇的故事。

作爲靈童的母親，瑪麗亞所需付出的努力與代價都是常人無可比擬的。於是，從她那兒，我們便能收集到諸多關於歐塞爾是耶喜喇嘛的證據。她確實有許多證據，就拿日常生活中的小事情來說吧，自從梭巴喇嘛在達蘭莎拉給歐塞爾喝了酥油茶以後，小靈童就愛上了酥油茶，「就像一個在饑渴邊緣的人一樣，一口氣把它呑下。」同樣他也愛吃諸如糌粑、饃饃之類藏族最典型的食物。這對一般西方人來說是難以做到的，更不用說是一個十五個月大的孩子。瑪麗亞的其他幾個孩子便沒有一個喜歡這些食物的。瑪麗亞說：「歐塞爾吃水果的方式也很奇怪，他把果肉吸出來，把其他部分都丟掉，就像耶喜喇嘛一樣。」

瑪麗亞的母親對於孫子被宣佈爲藏族喇嘛的轉世靈童這回事，一直感到憂慮和懷疑，但她可愛的小孫子確實以驚人的舉動消除了她的疑慮。有一天，瑪麗亞家正好放一部宗教人士訪問西班牙的錄影帶。這個錄影帶拍攝的效果時好時壞，可是奇蹟出現了：影片從開始到結束，歐塞爾坐在銀幕前，宗教人士一出現，他就把兩手合在一起，對他飛吻。在長達兩個小時的時間裏，「歐塞爾彷彿被釘牢了一樣，坐在那裏，一動也不動，他看時非常喜悅。」靈童的祖母終於相信了這個事實，因爲對一個十幾個月大的孩子來說，即使是迪斯尼電影也不會引得他近二個小時的靜寂！

也許作爲耶喜喇嘛最親密的弟子——梭巴喇嘛的觀察更具說服力。當歐塞爾只有七個月大、還在地毯上爬行的時候，他强烈地感覺到歐塞爾就是耶喜喇嘛。「我看見耶喜喇嘛在那兒，他以嬰兒的姿態出現。」梭巴喇嘛繼續告訴我們關於靈童的證據，「耶喜喇嘛的主要個性之一就是他能夠使大家非常快樂，當他和信徒在一起時，他能夠鼓舞他們。歐塞爾也有這種個性。其他和他同齡的孩子們，在廣大的信徒面前通常都很害羞，但是歐塞爾卻非常勇敢。他走到衆人面前，讓他們歡笑，他還不會說話，可是他仍然使每個人都很快樂，他就是和耶喜喇嘛一樣。」歐塞爾能夠拿起一個麥克風，站在一百個人面前，讓他們大笑，然後，他會坐在寶座上，有意地表演小丑的角色。梭巴喇嘛認爲，歐塞爾是有目的的來做這些事情的，因爲「一個嬰兒能夠下定決心使大家歡笑，這是不太尋常的。」

在歐塞爾的身上，梭巴喇嘛很自然地想起耶喜喇嘛的很多事情。耶喜喇嘛一直喜愛園藝，在土西塔中心，歐塞爾也總是把玩著花園裏的用具，並且觀察花朵；耶喜喇嘛走路時拿著拐杖，歐塞爾走路時也拿著拐杖；耶喜喇嘛喜歡搓頭，歐塞爾也用同樣的方式搓頭……。

歐塞爾雖然只有兩歲，但他已經顯示出靈修方面的很多知識。在梭巴喇嘛看來，這是從他的前世帶來的。在梭巴喇嘛的眼中，歐塞爾儼然是一個舉止如老僧的小僧孩：「他知道把哈達還給奉獻者的習俗，他也知道把哈達放在奉獻者的頭上，然後繞在他的頷上。」他一來到達蘭莎拉，就想為人祝福，這些行動全都是自發的，誰都沒有刻意去教他。當他和梭巴喇嘛一起坐在車上的時候，有些藏族人前來要求祝福，「我把歐塞爾喇嘛放在我的膝蓋上，把車窗搖下來，我正要把他的手放在那些人的頭上，歐塞爾喇嘛自己已經這麼做了。這些事情的發生，使我感動得熱淚盈眶，我覺得，即使和與他同齡的轉世喇嘛相比較，歐塞爾的舉動都是很難得的。」

那麼歐塞爾是怎樣對待他前世所親近的門徒呢？尤其是對梭巴喇嘛呢？梭巴喇嘛告訴我們：「當我在西班牙的時候，歐塞爾被指認出來以後，他經常來到我所在的地方，坐在我的膝蓋上。」他確實和梭巴喇嘛十分親密，經過了達蘭莎拉的測試後更是如此。

尋找證據——靈童的故事之二

西班牙這位小靈童，又是以怎樣的態度來告訴耶喜喇嘛那些既驚喜又疑慮的西方佛教徒呢？他同樣給出了足夠的證據。

澳大利亞籍僧人馬克斯・瑞得里奇是耶喜喇嘛的司機。他有過成功的事業，為他帶來了無數的金錢。他也有過面對死亡的經歷，因為熱衷於猶太復國運動，去以色列參加了六日戰爭，並且因此震聾了一隻耳朵。可是他最終投入了佛陀的懷抱。他講述了一個故事：耶喜喇嘛有一輛新的吉普車，總是用在帕森柯東站到土西塔閉關中心之間一段險峻的山路上。在他死前的兩年中，耶喜喇嘛來到土西塔閉關中心的第一件事就是繞

著吉普車轉轉，和瑞德里奇一起檢查新吉普車，常常對司機提出保養車子的勸告及建議。耶喜喇嘛特別注意到車子的一邊被刮了一道，他要求瑞德里奇把它補好，他同時希望把車後破裂的車牌換掉。「有一天，那是歐塞爾已經通過了梭巴喇嘛的傳統測驗後，我和一群人在土西塔的花園裏，歐塞爾從房間裏出來，他向我走來，拉著我的手帶我到車道上通常放吉普車的地方。他開始帶著我繞著車子慢慢地走，觀察著每一樣東西，發出低沈的咕嚕聲，把所有該修理的地方都指出來。當我們走到車後時，他看見了還沒修理的破車牌，他抬頭看著我，對我皺皺眉頭，很不高興，他拉著我的手繼續走，到車前看見換了一個新的牌照，便搖搖我的手，看著我並開顏微笑。我興奮得快要發狂，如果這件事發生的意義正如我所想，這個孩子是在告訴我，他對上一世發生的事情完全記得，這件事眞是令人心靈震撼！」

確實，歐塞爾還只是一個裹著尿布的嬰兒！

索巴格西是耶喜喇嘛的上師之一，他對年輕的僧人要求很嚴，無論是學業還是戒律方面都要達到很高的標準，因此耶喜喇嘛對這位既和藹又嚴厲的上師感到幾分緊張。在麥迪遜的時候，歐塞爾拜訪了他這一世的上師，他走進索巴格西的房間，「立刻在他面前叩了一個長頭，站起來，又做了一次，在場的梭巴喇嘛及其他幾位藏族喇嘛都嚇了一跳，沒有人鼓勵他叩長頭，也沒有人在他面前叩過長頭，這完全是自發的舉動。如果不是來自前生，歐塞爾又從何處學到這些呢？」

也許歐塞爾在加州的舉動，更令人想起耶喜喇嘛來，因爲那裏有一座耶喜喇嘛的紀念塔，當歐塞爾從車中出來，立即奔向那座嬌小而美麗的紀念塔，眼中閃爍著愉快的光芒，彷彿在告訴人們，瞧！你們爲我造了一座多麼美麗的塔！耶喜喇嘛的西方門徒替歐塞爾舉行了一個歡迎他「回家」的宗教儀式，他的學生給他獻

上一座充滿了五色彩珠的金字塔形的曼陀羅。歐塞爾鄭重其事地從曼陀羅上拿了一顆小彩珠，從前排門徒的旁邊走過，把珠子放在他們的頭上，表示祝福。做完後，他平靜地放回曼陀羅，小心地替換著珠子。這是令人激動的一刻！沒有人教歐塞爾去做這些事情，他從來沒有做過。我們可以想像，拿著一顆珠子，然後把它放在一排人的頭上，對一個如此小的嬰兒來說，是相當困難的事，更不用說把珠子又放回去這個舉動，對一個二十個月大的孩子來說，這只能證明他舉動的不平凡。

蘭妮・克尼茜給我們敘述的故事也許更豐富、更有趣。因爲她不僅是三個孩子的母親，而且是位出色的兒童發展專家——合格的護士與心理醫生。蘭妮在耶喜喇嘛生命的最後幾個禮拜裏，一直照顧著他。耶喜喇嘛曾讓她竭盡了個人所能忍耐的極限，而當她照顧歐塞爾的時候，同樣的事又發生了。在蘭妮看來，歐塞爾這個孩子很明顯的與眾不同。她是這樣描述歐塞爾的，他並不是一個惹人喜愛的孩子，「他頭部的形狀與尺寸，都比同齡的孩子來得大，看起來像是一個成人的腦袋裝在學步的兒童身上。」他的臉看起來也有一種奇特的成熟味，他不像一個二十個月大的小娃娃，事實上，他根本不像一個孩子，他像一個小大人。「歐塞爾是年幼的，同時也是年老的。」蘭妮如是說。

「他很嚴肅，幾乎不笑。他的這種神態，很吸引人，同時卻有一些使人驚異的東西」。歐塞爾從開頭起就有一種很特別的特質。這種特質不能用迷人、嫵媚或美麗來形容，它是一種力量，一種不笑的力量，他一聲低沈的抱怨，就能大大影響他人。他不像一般嬰兒必須指指點點的，並發出噪音來吸引他人的注意，他以充滿信心、知識和力量的姿態指點著。他習慣於發佈命令，我從這個嬰孩身上看見了權威。

有一天晚上，蘭妮獲得了照顧歐塞爾的機會，卻也使她「重溫」了耶喜喇嘛給予她的感覺。一般來說，歐塞爾晚上睡得很香，很少醒過來。即使醒來，給他喝上一瓶準備好的牛奶，就行了。七點半時，蘭妮察看了一下歐塞爾，發現他睡得很熟，於是她坐下來開始準備寫信。

「突然，我聽見了哭聲，於是攀著垂直的樓梯到了閣樓，發現歐塞爾坐在床上，哭得驚天動地，他流著鼻涕、眼淚，看起來一塌糊塗。我把牛奶瓶遞過去，歐塞爾卻把牛奶瓶從我的手中打到房子的另一端，並且命令我離開他的床鋪。」於是，惡夢開始了，蘭妮繼續道：「歐塞爾下床，向樓梯爬去，我跟在他後面跑，樓梯很陡，沒有扶手，正對著樓下一個燃燒的火爐。歐塞爾堅持要下樓，我在絕望中把他抱起來，背著這個尖叫、亂踢的孩子從危險的樓梯上走下去，我使出了母嬰教科書中的所有絕技，卻沒有一樣能夠使歐塞爾平靜下來，他一樣也不要。最後，我用一條毯子把歐塞爾包起來，然後走到外面去，歐塞爾立刻平靜下來，停止啜泣。「於是，蘭妮抱著他走上走下，唱歌給他聽，歐塞爾靠著她的胸膛，讓她把奶瓶給他喝。蘭妮的背、頸和臂部痛極了，因為蘭妮在一週前剛遭受一場撲面而來的車禍，而歐塞爾又是一個非常沈的孩子。但一旦她把腳放在柵欄上，準備坐下來的時候，歐塞爾就開始大哭。蘭妮尷尬地站著，手中拿著奶瓶，歐塞爾伸手向上，抓住她的襯衫，緊靠著她。

這個景像和蘭妮與耶喜喇嘛在一起的最後場面完全一樣。蘭妮回憶道：「有一天，我正在餵耶喜喇嘛的時候，他坐在椅子裏睡著了。當時，我正俯身向他，他把手向我伸過來，抓住我的襯衫把我拉向他，然後，他睡著了。我非常驚惶，我的一隻手拿著調羹，一隻手拿著玻璃杯，而他抓牢我的襯衫不放，我觀察他是否假裝，可是，他真的是睡著了。我決定唯一能做的就是靜待其變，當我覺得再也不能忍受下去時，他醒了過來。」

一切都恢復了，彷彿昨天一樣。「然後，歐塞爾伸出另一隻手來，開始用他的手指揪我的頭髮，他的手勢和耶喜喇嘛的手勢一樣充滿著感情，這是只有耶喜喇嘛知道的事情。」於是蘭妮不得不相信這「不可思議的證據」。

關於歐塞爾的故事當然不止是這些，每一個耶喜喇嘛的門徒都親身經歷著這奇異的轉變，歐塞爾帶給他們的也不僅僅是一個輪迴的實例，更重要的是引起了他們對輪迴這個命題的思索。

衆說紛紜話轉世

「歐塞爾以一種不平凡的方式，把佛法帶給了二十世紀的西方都市人群。他已經捕捉了全世界各地人們的想像力，不論他是誰，他無疑是一個不同凡響的人物。」維琪如是說。

每一個看到歐塞爾的人，都在思索「輪迴」究竟是怎麼迴事，歐塞爾很明顯地並不完全是耶喜喇嘛的「翻版」，他有自己的個性，他的長相也和耶喜喇嘛不同，他是西班牙人，與耶喜喇嘛生活在截然不同的環境之中。但歐塞爾又有太多的證據，向世人證明他就是耶喜喇嘛。那麼我們怎麼辦？好奇、疑惑、憂慮，還是……，愈來愈多的人選擇了思考，於是才有了如下的關於歐塞爾的命題的回答。

卡如那是一位喀本的居民，在耶喜喇嘛生命的最後一段日子裏，他曾長時間地陪伴著耶喜喇嘛。耶喜喇嘛重複地對卡如那說一句神秘而難解的話——我是你而你是喇嘛。歐塞爾回到喀本時，有一天卡如那從歐塞爾的窗下走過，歐塞爾把頭伸出來大聲叫著，叫的也是這句神秘而難解的話：我是你而你是喇嘛。直到現在卡如那還沒有明白這句話的眞正含義。但他認爲：「我當然看見了耶喜喇嘛的鱗光片影，他現在只是進入了

不同的媒體。但是，我們西方人仍然必須研究，修行高深的喇嘛是如何轉世的，他們是否一出生就完全清楚一切事情呢？或者，因爲他們畢竟生而爲人，這是否造成某種程度的限制？我相信嬰兒就只有嬰兒的能力，對一位轉世的喇嘛來說，他的覺性是潛伏的、不明顯的，他們必須把這份能力重新獲得，依照西藏人的說法，這個過程不應太長，他們只需被教導一次，就能明白了。」卡如那認爲觀察這件事情肯定十分有趣。

安尼・德邦可是位丹麥的佛教徒，他認爲，一位轉世的喇嘛，所延續下去的只是他前世覺悟的能量，而不是他的個性。歐塞爾代表的不是耶喜喇嘛回到了人間，只是耶喜喇嘛的能量存在於一個新的形體中。「歐塞爾不是一個平凡的孩子，他絕對特殊，沒有任何一個二十個月大的孩子，在得到像他那樣擁有的廣泛注意後，而不被寵壞。歐塞爾不是不知道這種情況，他只是超越了這一切，他只是接受它。他所做的每一件事都發自內心。」

在耶喜喇嘛圓寂前幾個禮拜辛勤照顧耶喜喇嘛的旦佛理・奎恩則有另外一種想法：「我不能說我覺得他是耶喜喇嘛，但是當歐塞爾來臨時，我的確感到耶喜喇嘛的能量又回到這兒了，我同時注意到，我在歐塞爾身邊的感覺，與和耶喜喇嘛在一起的感覺是同樣的。有一天早晨，我看見他走進主殿，他走到耶喜喇嘛遺體停放的地方，開始叩長頭，這是相當奇異的事情。稍後，我們開始進行佛教儀式，當做到供養曼陀羅的時候，他坐到我的身邊，開始把沙土堆在我的鞋裏，彷佛他在製作他自己的曼陀羅。然後，他拉著我的手，我的確感到一種密切的關係。」

然而耶喜喇嘛更多的門徒則告訴我們：「我相信再生這件事，但是我仍然沒有親眼看見。我的心說：『是的』，但我的腦卻說：『是的，可是』。」確實，無論歐塞爾能透露出多少和已故的耶喜喇嘛有直接關係的徵兆，但卻沒有任何科學的方法，能夠去證明歐塞爾的確是耶喜喇嘛。

巴塞利是這一論點的代表，儘管他認爲歐塞爾是一位特別的孩子，非常聰明，記憶力絕佳，個性也很强，同時也很仁慈。但是，他還是不能說他相信，也不能說他不相信。對於他來說，「耶喜喇嘛並不代表這個男孩與這個身體。耶喜喇嘛是一位偉大的人，他是一位有智慧的溝通者，他把人們心中最美好的部分帶給他們。歐塞爾所做的這些聰明的事情對我而言是不相干的，它們只是一些娛樂罷了，我們的電視上已經有足夠提供娛樂節目的人，依照我卑微的看法，當歐塞爾成爲一位喇嘛開始點燃我們內心智慧的時候，那時我才會覺出他的偉大。」

作爲耶喜喇嘛最親密的門徒，梭巴喇嘛從佛教方法上對這件事進行了更深入的探討。他認爲，所謂輪迴，就是「那個被西藏寺廟住持定名爲耶喜喇嘛的人的意識，現在已經延續到了在西班牙誕生的那位西方人身上，歐塞爾不過是個標簽而已，它代表了同樣的延續，西方世界想要瞭解輪迴這件事情，必須先瞭解什麼是心靈。但是抽象而非實體的東西是很難理解的。」

耶喜喇嘛曾經說過：「佛法不是一樣使人舒服的東西，它應該震憾！」的確，歐塞爾這個呈現在西方世界人們（尤其是佛教徒）面前的輪迴實例，達到了令人讚歎的效果。歐塞爾的存在和他的故事，無疑已經使世界上相當多的人開始思考物質世界的東西以及輪迴的事情。最簡潔地說便是：「我是這個身體嗎？我是這個長相嗎？我是誰？」這樣玄而又玄，又令人極具興趣的問題。

與佛陀溝通

最大的奇蹟就是轉變人的內心。

彷彿記得曾有這樣一段話：「未加控制的混沌很可能是一種可怕的、有破壞性的東西，可是，一旦得到控制，邪惡的混沌也就變得溫和、有用，甚至迷人了。」

這是混沌學理論中關於混沌的一個思考。仔細想一下，你是不是覺得和坐禪有著一絲半縷的聯繫？

舉凡修佛的人都必須經過這一環——坐禪，然後才能求得心靈的平靜，有獲得「超度」的可能，最終修證佛果，達到與佛陀溝通的境界。但坐禪最重要的是控制意識。意識換句話說，也可叫精神。凡人對生活的欲望和依戀十分強烈，無法集中精神，追求心靈的平靜與安寧，只有通過坐禪，控制自己的意識，才能達到內心的靜寂。這樣說來，坐禪最有效的不就是控制混沌了嗎？但爲什麼要去坐禪？怎麼坐禪呢？下面的敘述也許能給你某些啓迪。

我佛慈悲

普渡眾生是所有已經成道的菩薩們發出的宏願，他們寧願寓身苦海，也要使所有落入地獄苦不堪言的生靈得到解放，以顯其菩提心（即慈悲心腸）。有一首詩是這樣描寫的：

於覺行之中，
我是治病扶弱之藥。
我是病弱者的醫生與護理，
我要把病弱全消。
我要用美食甘露之雨，

消除饑渴的煎熬。
在饑荒與災難中，
我如人們的水與食。
我可以滿足人們的一切之需，
我是一座取之不竭的寶庫。

無疑，菩提心代表著仁慈愛人，這和基督的精神如出一轍。但要做到仁慈愛人並不容易，你自己首先得把自己修持好，是不是？一個自己已經溺水的人怎能解救別人呢？

耶喜喇嘛用最通俗的語言解釋道：

「我們看見別人受苦的時候都會產生願望——我要幫助他。譬如，我想幫助我的媽媽、我的爸爸、我的丈夫、我的女朋友。可是，如果我自己就一片狂亂，又怎麼能幫助別人？這是笑話。我的語言充滿了災禍，我的行動帶來了災禍，我的腦子裏裝滿了災禍。我要幫助我的媽媽，可是我的情況比我的媽媽還要糟，這怎麼可能呢？因此，我首先必須改變自己的意念，然後，才能幫助我的媽媽、爸爸、丈夫或女朋友。我必須盡力控制自己負面的思想，得到蛻變，使自己滿足、快樂，這才是幫助所有人類的方法。」

那麼，我們又怎麼能做到這一點呢？坐禪！「我們必須靜坐冥思，我們確實都具有慈悲心，但是我們需要透過靜坐，才能發揚愛心，使它融入宇宙大愛的道路。」

精神的回歸

你是否常常有這樣的感覺，當你執著於權力、理智、金錢等等之類的東西，而這些東西又無法滿足你的根本需要時，痛苦便不期而至。那麼你怎麼辦？是默默地忍受嗎？以爲這是人類環境中無法擺脫的困境；或是堅韌不拔，努力奮鬥，最終成爲生活的「成功者」，但痛苦並沒有消失；或者是自歎命運不濟，便索性來個阿Q精神勝利法，用嘲笑、玩笑、想像、藥物、酒精等等來逃避痛苦。但這樣你還是無法擺脫它。看樣子是無路可走了，你只能發出這樣的慨歎——苦難是人無法擺脫的伴侶。

還是別那麼急，爲什麼不試試「空的思維」？藏傳佛教認爲，世界上的各種挫折、苦難，並不是不可避免的，可以有一種辦法取代執迷於幻象（即名利、財富、權力等）的生活，而達到一種境界，啓迪人們認識到一切皆空，這種境界就是「空的思維」。它是一種相容萬物的思維，它自身總是豐足、圓滿的。這種思維在照亮人們心田的一剎那，不僅使人們舊的生活圖景土崩瓦解，而且重塑一幅嶄新的生活藍圖。

藏傳佛教還認爲，人對事物辨明的愈多，人對自己的束縛也就愈多，人的要求與渴望愈多，人的思維也就愈不豐足、圓滿。怎麼會呢？你肯定想不通。其實這很簡單，這是人們沒有意識到自身和世界習慣方式的侷限性的必然所在。我們總是把事物彼此分開：自己和他人、好與壞、現在和將來，而且常常把這當作人生的終極意義。由此，我們便執著於自己的喜愛，畏懼自己不喜歡的，並且終生爲此奔波、忙碌。於是佛教要求人回到「空的思維」中去，不再考慮任何成就，不再思慮自我，人們才有可能成爲一個眞正意義上的人。這樣的人的思維便富有愛心。

而要達到「空的思維」，不僅要靠戒規（約束）、行善，最主要、根本的方法還在於冥思、坐禪。

我主沈浮

獲得菩提心需要靜坐、冥思，達到「空的思維」也得通過冥思、坐禪，一句話，我們首要的任務便是「冥思」，坐下來好好想一想。不過，在你冥思之前，你還得接受仲巴仁波切的一番教導，告訴你冥思到底是什麼？怎麼去做？

仲巴仁波切認爲：「冥思既不是一個企圖達到狂喜、精神賜福和安寧的方法，也不是企圖成爲一個更好的人。它只不過是一個空間的創造。在這個空間裏，我們能夠暴露和解開我們過敏的活動、我們自欺欺人的行爲和隱藏的害怕與希望。」「冥思並不是簡單地一個人坐在特殊的位置上，進行一個簡單的過程，而是一種向進程所發生的環境的開放。就像一條匯入海洋的大河，冥思會導致全方位意識的開拓。對我們來說，環境就會成爲一個提醒者，不斷給予我們信念、教導和見識。」

要創造這樣一個空間，我們必須採取「什麼也不做」的原則。這個原則看起來很簡單，但要眞正做到「什麼也不做」卻是很難的。我們首先得從接近「什麼都不做」開始。

「認識到身體運動、呼吸和人的精神位置，是和所有佛教教義相同的技術。冥思的基本實踐就是站在這兒，就這兒。恰恰因爲在這個時刻，人既不壓抑，也不縱思，只是意識到你是什麼，像呼吸、像身體存在，是一個沒有『精神』含義的中立過程，我們只是開始注意它的自然作用。」在這個過程中，我們既不要將精神舉得很高，也不要讓它完全離開。假如我們想控制它，它的能量就能回應在我們身上；假如我們完全放縱它，它就會變得渾沌而無序。因此，我們要讓精神走的同時，得用一些規矩來約束。

然後，我們開始踏上小乘之狹道。所謂小乘之道並不是指簡單化的、或是眼光短淺的道路，相反，它異乎尋常的複雜，需要付出各種的努力才能達到。「小乘好比一個沒有速度的鐵軌，在正軌上不含任何偏離，我們沒有機會逃離，我們就在這兒，不能超越。它是一個沒有迴轉齒輪的工具，以自我爲中心的簡單性也能給生活的位置帶來開放的態度。」因此，我們對付它的唯一方法，也就是將精神開闢成一個沒有鋪任何枕木的鐵軌，然後會更清楚地意識到激情，它們在生活中的位置以及他們發生的空間，從而帶給我們一個全方位的認識。在這一點上發展同情的態度、熱情，這是接受一個人同時保持挑剔智慧的基本態度。

然後，我們就能夠在有同情作用的開放大路——大乘之路上行走。小乘簡單而狹窄的道路是大乘之路的基礎，就好像我們涉及到天堂之前必須與地獄相關，在我們基礎的精神上工作一樣。「全部的佛教之路是發展超常的感覺，看到事情的本質，不是想像它是什麼或者幻想我們想要的樣子。」經過大乘之路後，我們才會瞭解自己怎樣在「金剛界和怛特羅教義上跳舞」。

看到這兒，你也許會說：什麼？這就是冥思，太枯燥了，怎麼能學會？但這只是理論，在學習冥思之前你必須要瞭解的理論，下面我們將告訴你冥思的方法。不過，我們的目的不是勸誘，而是介紹，因此告訴你的只是要點。

眞正的冥思是很不容易的，對人有很高的要求。掌握下面的三點，是其關鍵中的關鍵。

坐禪時的分心是修禪者最大的障礙，因此控制精神是首要的要求。單靠邏輯和研習並不能使精神平靜下來。當代人整天忙於緊張的工作和生活，心已被各種欲望和依戀攪得粉碎，因此很自然地，我們的精神總是靜不下來，總是在物與物、事與事之間遊移。這些紛亂的思緒就好比一個長期行竊的小偷，如果大家不努力去逮他，小偷就會肆無忌憚地繼續行竊；一旦他在偷竊現場被抓住，他就知道其他人是下決心要逮住並消滅他的，他就會收斂些。如果我們像嚴密監視小偷一樣，注意自己的精神，這一問題就會自行解決，分心的思緒這一小偷便會規規矩矩了。但是，如果用四分之三的精神來一心一意地修行，用四分之一的精神來保證這部分精神用於修行，那麼就可以控制精神。所謂精神紛亂、思緒萬千是正常的，起保證作用的那部分精神會一次又一次地將它拽回，置於控制之下，使它受到訓練。

我們舉幾個例子。如果我們和一個強盜同行在一條偏僻的路上，而我們恰巧知道這個強盜居心不良，那麼我們除了繼續前行之外，還必須緊緊盯住自己的這位同伴。這種毫不鬆懈的監視就好比上面提到的保證作用。

再如，有一個人，一手端著盛得滿滿的一碗飯，一面正在行走。如果一不小心，不加注意，盛得滿滿的米飯就會從碗裏掉出來。因此，這個人除了走路之外，還得時時盯著那碗米飯。這種聚精會神的目光就是起保證作用的那部分精神。

第二點是坐禪所能持續的時間。對一般人來說，要一心一意地靜靜坐上五分鐘是絕不可能的，儘管我們緊閉雙眼，避免看到外界的事物，但精神卻像脫韁的野馬，充滿著各種各樣的想法。因此剛開始坐禪的人，每次精神不受干擾，一心一意的坐上一兩分鐘，就很不錯了。但在這短短的時間內，必須進入完美無瑕的一心一意的境地。隨著人們的進步，持續時間可以逐步延長。而對忙於日常生活瑣事的普通人來說，這樣的坐禪不必固定時間，只要有空暇時間，就可以一心一意地坐一坐。

第三點是心觀之物。專注於佛像或聖像之類的物體是會有幫助的。但注意力不能集中於眼前的物體，而要集中於自己腦海中形成的這一佛像的反映。經過不斷的實踐，反映出來的佛像就會在腦海中形成永恒不滅

的輪廓，譬如反覆念誦「唵嘛呢叭咪吽」六字眞言，經過持之以恒的努力，六字眞言的字母就會銘刻在人們的腦海之中。當追求者閉上雙眼，字母就會清晰可見，這樣有助於追求者心中不產生其他雜念。

作爲西方人精神之友的耶喜喇嘛，爲了使他的西方弟子更瞭解心觀的過程，便設計了一個以獻身於耶穌基督爲背景的心觀過程，實在有趣，我們不妨一錄：

> 以一種舒適的姿勢坐著，如果你願意，也可以跪著。全身放鬆，但背要挺直。在你心靈之眼中，想像耶穌在你面前，他的臉上浮現出一種鎮定、安詳、慈愛的表情。為了便於想像，可以用一幅基督或耶穌復活的繪畫作原型。
>
> 然後，想像從他頭上的光環發出的白色光芒，射向你頭上的光環。這種白光實質上具有極樂的力量，當它進入你體內時，能使肉體中無數積聚的污垢和罪惡得到淨化。這種至福的白色能量可消除身體的一切疾病（包括癌症），激發和更新你全部神經系統的功能。
>
> 以同樣的方法，想像一道紅光，從耶穌的喉部發出，進入你的喉部，極樂的感覺遍佈你的聲音中樞。如果你在言語方面有障礙，總是撒謊、信口開河、誹謗、言詞尖刻等等——這種極樂的紅色能量可以淨化你的消極方面。結果你會發現言語中的神性。
>
> 然後，從耶穌博大的心中所放射出的藍光進入你的心中，使你心中所有的妄見得到淨化。你那主宰妄念的自私和卑劣的自我，以及彷如自我的執行者的貪、瞋、

癡三毒，所有這些皆在極樂藍光中得到淨化。特別是那種在「也許是這」和「也許是那」之間猶豫和迷惘的心靈，亦得到了淨化。而且那顆「一葉障目、不見泰山」的氣量狹小的心靈也同樣得到了淨化。當光能充盈你的心田，你的心就變得像遼闊的藍天，容納了整個世界和所有空間。

你感覺如何？這對西方人士而言不啻是一個絕佳的冥想思路。瞧，已經有人爲冥思而著迷，他們接踵而至，投入到佛陀的懷抱中去了。

投入佛陀的懷抱

飛行到火星或月亮上，比穿透自己的心靈容易。飛行只是一種逃避，逃避自己。

—卡爾・榮格—

確實，人的心靈是難以捉摸的。如果你能捕獲到心靈的感應，同時也就證明你正在獲得生命的眞諦。藏傳佛教在基督教的汪洋大海中，眞能俘獲西方人士的心嗎？答案是肯定的。姬娜小姐、喇嘛格敏達都是活生生的例證。下面我們再向您展現幾個生動的例子。

首先要告訴您的是一個英國女子維琪・麥肯基的故事。她是英國《每日郵報》婦女版的專欄作家。作爲一名記者，她具有求證求實、不輕易取信的個性，而且最初對藏傳佛教幾乎沒有什麼瞭解。她以一種契而不捨的精神，在追尋藏傳佛教的過程中，發生了蛻變，有了人生境界的提升。這一切，首先要歸功於藏傳佛教的魅力，於是才會有下面這一段關於維琪的故事。

尋找精神之旅

應該說，生活對維琪是十分偏愛的，她當了十八年的國際記者，到過許多地方，經歷過很多的探險，享受既舒適又有變化和特權的生活。白天是忙碌的工作，晚上有美酒佳肴作伴，更有詼諧的談笑，這是一種有趣而時髦的生活。但這都是表面的，年近不惑的她開始用「永遠批判的、受過高度訓練的、苛刻的新聞記者的眼睛」來審視自己，思考了一個「亙古的角質層似的陳腐問題——人生的意義何在？」

「我有很多的朋友，他們帶來了豐富的享受、娛樂、安慰，但是，生活中還是欠缺了什麼……」，於是維琪又啓程去香港，希冀在東方能尋得她所追求的東西，但香港也令她失望了。「我在香港擔任警署的公關顧問，警察局長的貪污，使我對這份工作失望又倦乏。我居住的那層樓很可愛，眺望著南海，海上靜駛著紅色的中國大帆船。但是我所遇見的人最關心的都是怎麼去發財。五個月後，我又沮喪又失意地回到倫敦的

《每日郵報》。但是那份使人產生一種苦痛、想要逃脫羈絆的感覺並沒有完全消失……」，維琪痛苦的是什麼？她生活中到底還缺些什麼？聰明的讀者一看就會知道，這是一種精神的饑渴。

其實，這位英國女記者有一個多元化的宗教背景。她的母親是基督徒，父親是天主教徒，她受洗於英國國教，曾跟隨著作爲皇家海軍軍官的父親，在世界各地接受長老會學校及天主教修道院的教育。但自幼時，就有一個疑問在她腦子裏盤旋：耶穌所達到的大智大慧境界，到底是什麼境界？怎麼從未被經典、教堂、修女或者牧師們給予令人滿意的解釋？

「傳道者告訴人們，耶穌是上帝的兒子，這是不夠的。究竟是什麼力量能使耶穌行走水面，並且使麵包和魚愈分愈多？既然耶穌以人身示現，我相信其中肯定有超過那些以模糊的恩典和信心來解釋的意義。而耶穌極度人性的一面，揭示了我們都具有和他一樣的潛力。耶穌暗示過好幾次，他說『我向天父學習的，我都明示給你們了』。他最有名的一句話就是『天國在你們心中』」。維琪渴望知道如何達到這種境界以及這句話的眞義。看來她需要一位眞正的活生生的上師，一位她能看得見、能接觸到，並與之談話的上師，一位能夠以自身的經驗來說明她所渴望的神秘和智慧的上師。

被坐禪俘獲的人

一九七六年十月對維琪來說是一個人生的轉捩點。在這之前，她對藏傳佛教、對上師沒有一點概念，更不用說坐禪是怎麼一回事了。她只是在童年時的一些三流電影中見到過這樣的禪師形象：一個孤寂的形體，在冰凍的天井中面對白牆靜坐，等待著覺悟的一刻。而現在她卻要到尼泊爾的喀本去，尋找靜坐的感覺。這

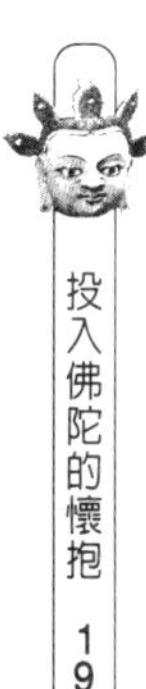

對於一個整天在外奔波的記者合適嗎？她能靜得下來嗎？讓我們帶著這樣的疑惑追尋她的故事吧。

「我要到尼泊爾跟隨喇嘛去靜坐」，當她的朋友告訴她這個打算時，她幾乎毫不猶豫地答應一塊去。於是她們辦護照、買機票、打防疫針、買保暖內衣，一切安排就緒，她們如願地來到此行的目的地——尼泊爾的喀本廟，開始爲期一個月的靜坐課程。

維琪首先得到的是一張靜坐的功課表，詳述每天的時間安排和許多規定：

四點半起床→五點進入靜坐帳篷→六點喝豆奶咖啡→六點半回去靜坐→八點吃麥片粥早餐→九點上課→十一點半靜坐→十二點半午餐（素食）→下午二點開始討論→三點半上課→五點半喝茶→六點靜坐→七點半喝熱巧克力→八點靜坐→九點就寢。

不喝酒、不抽煙、不吸毒、不做愛、不收信也不寫信、不聽收音機、不看報紙、不讀和佛法無關的書籍、不可以提前離開。

看到這張表，維琪的臉都變白了。這也難怪，每天要靜坐十二個小時，而且每次坐在同一位置，坐在同一人身旁，天天如此，連續三十天，這對於時間就是生命、整天忙於奔波的維琪來說，能做到嗎？這是一場大冒險。

維琪開始靜坐了。她這才明白，她既不必面對白牆靜坐幾個小時，也不必誦念密咒以得到恩賜，她所要做的只是注意自己氣息的呼出呼入達到靜心的效果，然後默想，把所學的和自己的經驗聯繫在一起，然後再把這份悟境由思想轉移到心靈，以產生眞實的感覺。但這並非易事。「我發現自己的心念是如此的不易控制，它忙碌地流竄著，追逐數以萬計不相關聯的瑣碎意念。所有被平日的匆忙而分心的生活所掩埋的意念，諸如暴躁、忿怒、沮喪、嫉妒、懷疑、恐懼、不安全感、驕傲等，所有使人可厭的感受全部湧現。在我的生命中第一次我不但必須面對它，還必須負擔全部責任。」這時，維琪才體會到「佛陀的首要教誨，就是我們必須先明白自己所受的苦惱，然後才能除滅它」的眞正含義。

坐禪與靜心（靜坐）無疑是生命力迸發過程中辯證而深刻的現象。有人說，它比原子彈爆炸還要深刻，因爲原子彈爆炸不過是一個物質顆粒分裂，而靜心則是一個活的細胞、活的存在、活的生命在質上的淨化和昇華，以無爲達到有爲，通過坐禪而獲得靜心。猶如跳舞，不是被動而是主動的，跳到後來，你腦海中的存在只有跳，身體已被忘卻了。

記得本世紀最出色的舞蹈家尼任斯基，他最終瘋了。舞蹈之於他的靈魂那麼深入，那麼强烈，以至於最終迷失其中了。在最後的時間裏，他已無法控制自己的身體，確切地說，他已無法控制舞蹈了。無論何時何地，他都能開始且不停地舞蹈，而誰都不知道他何時才能結束。

有朋友問他：「你怎麼了？怎麼有始而無終呢？」

「我只是開始時存在，後來我不知被什麼取代了，『我』已不復存在，是誰在跳舞，我不知道。」他極平靜地回答。

他也許是世界上最偉大的舞蹈家。然其艱辛，卻是語言難以描述的；這種忘我的啓示之於坐禪和靜心，其價值或許不僅止於克服勿忘我的意識範疇。忘我，是終極，又是無限……。

維琪她們靜坐在巍峨的喜馬拉雅山中間，攀登著「心靈的山嶽」。在和疼痛的膝蓋、艱苦的物質環境及靜坐課程奮鬥的過程中，漸漸地，她學會了坐禪，開始在人類最廣博繁雜的精神領域中遨遊了。

西方世界的考驗

一個月很快就過去了，就像來時那樣，維琪匆匆地到了尼泊爾，又匆匆地飛離了尼泊爾，重新回到倫敦，面對她所熟悉的一切。她開始了融藏傳佛教哲學於西方日常生活中的歷程。她能經得起西方世界的考驗嗎？一個月的靜坐生活究竟帶給她多少精神支柱？維琪以生動的筆觸，爲我們描繪了她的眞實感受。

「身處在舊環境和老友之中，我終於明白在喀本廟一個月生活的意義。我改變了。昔日使我感覺興奮的大都市的轟隆聲，如今使我難以忍受。晚宴既無趣又疲乏，往昔詼諧的話，如今聽起來只覺得瑣碎，它悲哀地掩飾了實質空洞的生命。每晚九點鍾，我就想去睡覺了。」「最使我感覺悲痛的，就是在街道上及隧道中接觸到的面孔，他們的面上寫著遲緩的壓力和沈重。這是爲了迎頭趕上西方世界瘋狂的腳步所承受的懲罰。然後，他們得到更大的汽車、赴國外旅遊的四週假期作爲報償。」「難道這就是寶貴的生命中能得到的最大回報嗎？這就是我們無盡潛力的最大發揮嗎？」維琪不由得對昔日的生活發生了疑惑！

喀本廟帶給她的不僅是對生活的思考，而且還有對職業的選擇。原先「無冕之王」的職業曾令她發狂、入迷，可是新聞記者這一行在現在的她的眼裏，已是另外一番樣子：它的重點在於聳人聽聞，不在於追求眞相，它既瑣碎，又經常扭曲眞相，甚至不時地傷害很多人……。於是，她選擇了自由作家這個行業，以對自己所寫的東西有更多的控制。儘管這個工作的收入不穩定，但維琪覺得，她能在公私兩方面得到補償和滿足。

誰能想到短短的一個月坐禪能給予她這麼多？維琪周圍的生活還是那麼的瘋狂，但她知道自己找到了一樣眞正明智的東西。「現在我知道，不論生命呈現給我們什麼東西，它帶來的苦樂都是因我們意念的反應而起的，責任在於我們自己，我們也可以加以控制。在三十天的佛法教誨中，不是告訴了我們生命中每件事情都是無常的嗎？如果我們執以爲常，便很苦痛。唯一眞實的安全感是隱藏在每個人的內心。」

當然，一個月的靜坐鍛鍊畢竟很短暫，「快速的物質世界帶來的緊張，加上積累了一輩子的思維習性」，慢慢侵蝕了維琪從靜坐中尋得的這份平安與寧靜。幾個月以後，靜坐帶來的影響力不可避免地消減了。維琪決心重新尋回那份平和與寧靜。但這一次她去的不是遙遠的尼泊爾，而是英格蘭西北部的一個坐禪中心，它有個美麗而吉祥的名字：文殊菩薩中心。它靠近莫康比海灣，是一座具有維多利亞時代哥德式建築特徵的大廈。除此之外，她還奔波於倫敦不同的藏傳佛教中心之間，始終追尋著這份信仰。

靜坐對英德・馬利克同樣是件知難而上的事情，每次靜坐前，他都要把冥思的要點過目一遍，他想這樣就能得到冥思的要領了。剛開始的二三分鐘，他的確十分成功，能專念於他心觀的物體，可是只要有機會，精神就開了小差，腦子裏盡是生活中的各種世俗事務，這令他很苦惱。於是他去請教上師們，上師給他打了個比方：如果一個人用某一種槍能百發百中的話，他要使用另一種槍，只需經過一段時間的練習，也能同樣的百發百中。精神勢必屈服於堅持不懈的努力，因此堅持修禪，每次幾分鐘，每天盡可能多做幾次，經過一段時間的禪修，就可以排除精神中的雜念，而控制自己的精神了。不久傳來一個消息，馬克利「開悟」了。

「開悟」乃生命的飛躍，它不像「鳳凰涅槃」那般壯美，確切地說，它只是向著最平凡的生命形態之回歸，因而平凡才是人類最終的精神家園。

大珠慧海禪師有句「開悟」名言：「餓的時候吃飯，睏的時候睡覺。」這樸實精髓的昭示，告誡依然平凡俗態的眾生，開悟是從焦慮虛幻中解脫出來的生命回歸。反之，「吃飯的時候不肯吃飯，百般思索；睡覺的時候又不肯睡覺，千方計較。」這是自尋煩惱。所以，開悟和未悟是截然不同的。

試一試，每天抽些時間，每次不用長，只要幾分鐘，坐下來靜靜心，拋開一切世俗雜念，也許會得到你意想不到的效果，說不定還真的「開悟」了呢！

喀本的信徒們

細心的讀者一定還記得那位俄裔的金髮女郎姬娜，她是耶喜喇嘛的第一位西方弟子。喀本廟的建立首先歸功於她的傳奇和慷慨。日後的喀本廟已成為西方藏傳佛教信徒心目中的聖地。喀本是個美麗而清靜的地方，它面對加德滿都山谷，有巨大的竹林，開滿了花朵的磬樹，茶花叢叢，風馬旗飄揚在晴美的藍天中。在這裏，尋求精神依託的西方人領略到了藏傳佛教的神奇與魅力。同時，你也能再一次感受到耶喜喇嘛的力量。

克里斯多夫・柯布是一位來自美國猶他州的男孩。他一直在尋找他的精神支柱。當他來到喀本時，已是下面一幅景象了：幾乎赤身裸體，頭髮長至臀部，全身沾滿了灰塵。他的頭上綁著一條圍巾，上面寫著讚頌印度全能的濕婆神咒語：「嗡呢發西發亞」，活脫脫一個印度流浪聖人的形象。當他見到耶喜喇嘛的剎那間，他知道自己找到了歸宿。耶喜喇嘛教育柯布的方法是把他對精神的所有成見都打破粉碎。他向柯布提出這樣兩個問題：如果有人帶了一顆原子彈到尼泊爾來打算殺死所有的人，你會不會把他殺掉？答案是：你有一份出於愛的責任去把謀殺者消滅。然後耶喜喇嘛又對落日作了一番評價：「你們這些嬉皮士坐著欣賞落日，認爲它很美。對我來說，落日很醜。……落日只是象徵表面的東西，它是短暫的，不能給予持久的快樂，而許多嬉皮士追尋的目標僅此而已。」柯布感到心靈的震撼，耶喜喇嘛用與傳統背馳的方式，把柯布心中的迷惑打散。柯布從心底裏對自己以及自己追求的生活不滿意，在耶喜喇嘛這兒他看到了曙光，因爲耶喜喇嘛有著這樣的「天賦」：他能說出你心中所想的事情，把你心裏想了一半的東西說出來。

當柯布最終決定皈依藏傳佛教時，耶喜喇嘛再一次給柯布出了個難題，他要考驗柯布的誠心，而且不能用新發現的宗教承諾來逃避世俗的責任：耶喜喇嘛要柯布寫信給在歐洲的妻子和兩個孩子，邀請他們到咯本來，和他住在一起，照顧他們。但柯布必須嚴格遵守他的誓言：接受所有的戒律，包括獨身生活。對柯布來說，這是最苛刻的考驗，但從中他更體會到這樣一個眞理：佛法教導人們的是要追求對所有人的愛心善心。柯布確實經受住了考驗，現在已年近不惑，以建造佛塔爲業。

麥斯・瑪休是一位美國的黑人，她是位敢做敢爲的女人，她既可以使和她喝酒的男人醉倒，也可以在結婚時雇用一架飛機把玫瑰花從空中扔到她的新家。可是遇見了耶喜喇嘛後，改變了她的生活。她出家了，當了尼師。

耶喜喇嘛交給她的任務是管理喜馬拉雅學校的孩子們。她虔心地工作著，很快獲得了瑪休媽媽的暱稱。她感覺到了一種力量，那股從耶喜喇嘛身上獲得的力量。她覺得應該爲耶喜喇嘛和他的事業做點什麼！於是她又開始經商。

瑪休以尼師的身份在舊金山開了一家服裝店，她天生的經商才能爲她贏得了豐厚的利潤，她把所有的利潤獻給了耶喜喇嘛。在服裝店裏，她也時刻擁有一份鎭定，因爲一座佛龕擺在了她的店裏，佛龕前耶喜喇嘛的照片正向她微笑著，使她感覺到耶喜喇嘛就在她的身邊。

還有澳大利亞的菲麗西蒂、加拿大的麗妮、義大利的蘇珊……，她們都來到了咯本廟，找到了她們心目中的「聖地」。

回歸神聖

在全球一體化的時代，需要有一融合東西方文化為一體的文化，這是全人類共同的願望和企盼。

「失樂園」

現代人到底在幹什麼？人性的力量又顯示在什麼地方？這是一個實在令人頭疼的問題。人類之所以不同於其他動物的地方，便在於他學會了思考。但現代人似乎在這方面缺少了些什麼。

很多人都知道這個故事：從前有隻兔子坐在芒果樹下睡著了，牠突然聽到一記聲響，認為世界的末日到了，撒腿就跑。其他的兔子看見牠就問：「你為什麼跑這麼快？」牠回答：「世界末日到了。」於是兔子們都飛跳起來。鹿看到奔跑的兔子就問：「你們為什麼跑這麼快？」當鹿聽到世界末日到了之後，也開始奔跑。於是一種動物接著一種動物都加入了奔跑，直到整個動物王國都在狂奔之中，而這將導致牠們的死亡。佛祖釋迦牟尼此時尚是一位智者，他看見動物狂奔，就問牠們奔跑的原因，牠們回答：「因為世界末日到了」。佛祖說：「這不是真的。世界並未到窮途末路，讓我們看看牠們為什麼這樣想。」他開始逐一調查，並最終追溯到兔子身上。佛祖問牠：「你認為世界末日來臨時，身在何處？在幹什麼？」兔子回答：「我在芒果樹下睡覺。」佛祖告訴牠：「你可能聽到芒果掉下的聲音，受到驚嚇就認為世界末日來臨了。讓我們回到那棵樹下，看看是否這樣。」他們一起來到那棵樹下，確實在兔子睡覺的地方有一顆落下的芒果。因此佛祖拯救了動物王國。

這則故事並非因為是對恐慌和謊言的起因進行分析調查而被廣泛傳頌，而是它從一個側面反映了動物思維的重要性。

現代人似乎變得愈來愈痲木，在資訊氾濫中輕易地交出了自己的「大腦」。舉個例子說，電視的發明曾使世界為之一變，人們足不出戶，就可了知地球上發生的大小事情，人們的視野也因之開闊了許多。然而，當波黑戰亂、長征壯舉、非洲難民、地震及「挑戰者號」爆炸等電視事件，與肥皂劇、化妝品廣告混同一體，日復一日、大同小異地重複播放後，唯一的結果只能是，人們在熟視無睹中麻木不仁、興味索然，例行的視聽消費最終會讓人們邊打哈欠邊斜著眼漠視著電視螢幕。電視讓人們習慣自己對世界的觀眾身份，成爲一個傳播資訊的「垃圾桶」，成爲一具生命之氣過多磨損和耗散的空殼、和都市「文明病」的攜帶者，時時提醒著尚未完全被迫害、被麻木的人性盡可能地逃避，或追尋……。

然而，大多數人在乏味之後、無力之後，極有可能完全取消自我、剝奪自我，接受「文明天使」的重新定型。一部《秋菊打官司》，使「有個說法」很快成爲大眾習慣語。《愛你沒商量》，使「沒商量」也在極短的時間內成了使用頻率最高的用辭。人們就這樣不加思索輕而易舉地交出了自己的語言，或許還不僅僅這些。在美國片《浮華世家》之後，全球數以千萬計的婦女也急忙交出了自己的服裝、髮型乃至髮色，一切照劇中主人公的作風重新開始。於是，人們極有可能交出自己的政治觀念、藝術趣味、宗教信仰，乃至性。在西方一些中學和大學中，當同性戀成爲文學及影視的熱門題材後，當某個明星偶像的同性戀經歷被影視炒作之後，曾經有百分之三十到百分之六十的學生在調查中振振有辭拍胸脯，承認自己是雙性戀或者有過同性戀，而生理學的研究卻表明，這個比例一般不可能超過百分之五。

現代人到底在幹什麼？你不禁要問。

人類花費了幾千年的時間，方才逐漸開啓心智，日益有能力去組織社會，且目標明確地運用其精力創造自己的生活、自己的法則……。

人類創造了美好的事物，但對改造自身卻時時令自己窘迫甚至尷尬。現代工業帶來的物質文明，使我們

的精神再度失落、混亂和迷茫。人類的精神家園在現代物質文明的喧囂聲中呻吟，而其主人卻顯得束手無策，滿目悲涼。人類的靈魂被扭曲著、支離破碎的精神支柱在幻覺中走向死亡！悲劇正在誕生。

工業文明的深刻意義在於從根本上改變了人與人、人與自然、人與技術、技術與自然的關係。不可改變的事實是：世界是以自然爲本的。而工業文明則不然，它是以其強大的技術手段製造一個地球化學失衡的或重構的全新物境。水泥是新的石頭，塑膠成了新的木頭，路燈充當了新的月光，電腦是新的人腦……。工業解脫著人在自然裏的勞苦和危險，同時又蠶食並瓦解著自然，把人們誘入一個以技術爲本的世界。人們走入大都市的高樓群落，探望眼前完全人造的高山峽谷，完全人造的白日和黑夜，不能不感到自然已成了一個遙遠的舊夢。

工業文明甚至已經開始染指人類的生命與靈魂。生物技術正在用魚和植物的混合基因，以造出抗凍的新馬鈴薯和新煙草，高科技的發展是令人驚喜，還是令人擔憂？

據說複製人幾乎同眞人一模一樣，大腦同樣發達，甚至也有情感，只是不再來自母胎，不再來自血肉和情愛，不再有個體的自由和全部的豐富性。一九九三年，《紐約時報》轟動性地報導美國兩個科學家J・霍爾和R・斯蒂爾曼，在實驗室裏利用胚胎分離，成功地複製出了四十八個新的人類胚胎，其中有兩個居然成功地活了幾天。高科技的新人種正在叩響生命史的大門，人類的靈魂在自己的惡夢中顫慄。技術化的意識、思維和實驗，不僅君臨產房，而且早已在更廣闊的社會得手，且無時無刻不在「謀害」人心，正在把一部分人改造成目光空洞，表情呆滯，對一切人云亦云，隨波逐流，無動於衷，缺心缺肺，行屍走肉的物化空殼，他們的臉上分明正在呈現出複製人的定義。失去了靈魂，失去了「上帝」的人們，正深一腳、淺一腳地跌跌地走向深不可測的未來深處。

或許，這是生命和靈魂的一切永無休止的惡夢，誰也無法確知何時才能擺脫它，人們企盼著惡夢之後回歸自然，回歸自己的精神家園。令清醒的人們茫然的是，惡夢何時才能醒來？蒸汽機在十八世紀一聲汽笛拉響的時候，歐洲彌漫著普遍的樂觀情緒，競相歡呼這「搖撼舊世界基礎的偉大槓桿」（恩格斯語），甚至相信這將使人們消除一切帝制和腐敗。直到世界大戰頻頻引爆，蒸汽機延伸成了坦克和轟炸機，在硝煙中向生命撲來，人們又差點落入失望的深淵。杜桑的《下樓梯的裸女》，卓別林的《摩登時代》，沃霍爾鏡頭下的電刑椅，莫不表現了機器對人的異化、奴役及殘暴。人類尋找的不僅僅是遠離戰爭、恬靜美好的生存家園，人類最高的追求該是自己生命的意義。

於是，人類開始了頑強的自衛，一次次在日益技術化的世界裏甦醒自然的理想，綠色和平思潮在人們心中一次次揚起拯救靈魂的征帆，在這裏，綠色和平思潮已不僅僅是一項環保運動或反核運動，它正在發育成一套完整的且是實踐的倫理學以及哲學或信仰，力圖建築一種健康的人生方式。人類靈魂一次次優美地復活，指示著人類精神家園復歸的方向，指示著潔淨、清澄和圓明的生命之境——南美洲的熱帶雨林、烏克蘭的草原、孟加拉湛明的天空、長江黃河壯美的脈動。

生命之境除了是外在的物態，更重要的是心態，也許，比放飛一隻受傷的麻雀和栽幾棵樹更不容易的是人類的精神自救和自強，不斷獲取滋養又不斷清除污穢，給自己每一個日子留下眞情實感、留下人心的自然。西方人曾嘲笑中國的語言，用「心」想，而不是用「腦」想，不符合解剖學的常識，這當然不無道理，但眞正燃燒著的情感和瞬間價值的徹悟，總是能激動人的血液、呼吸和心跳，關涉到大腦之外的更多體位，

關涉到整個生命。

人類必須認識自我、認識自己在宇宙中的位置、認識自己與同類的關係，承認自己的侷限，也認識自己的潛能。通過理性和愛去領悟宇宙萬物的相關，將人的潛能發揮到極致。這是人類對自身提出的挑戰，也是對現代工業文明的挑戰，對城市的拒絕，對社會與群體的疏離，甚至對物質生活追求的放棄。隱居、獨處、冥思，與自然對話，在蛙聲與鳥鳴中獲取歡愉，在晨霧和暮靄裏得到寧靜。這是一種覺悟，是一種昇華，用心靈去面對人生最本質的問題，看看有什麼東西是人生應教給我們，而我們卻未能領悟到的，如若生命失去了靈魂與靈魂、靈魂與自然、靈魂與一種至高無上的智慧精靈的對話，當生命結束的時刻，會不會對自己並沒有眞正地生活過而毫無覺察？這不僅是一種生存方式，更是一種純粹超然的精神之旅。

尋找諾亞方舟

在這樣一個撲朔迷離，神聖價値正在日漸失落的時代，作爲個體的人而言，至少可以超越生活中日漸沈淪和墮落的廢墟，追尋精神樂園，使心靈的境界得以提昇。此所謂「啼得血流無處用，不如緘口度我春」，「結廬在人境，而無車馬喧。問君何能爾？心遠地自偏。」

確實，人們在尋找著、探索著、期待著。在探尋的過程中，非宗教性的宗教應運而生，同時也出現了不屬於任何宗教的兩棲人。

傳統的宗教界有兩類基本成員。一類是堅定而虔誠的信徒，他們恪守傳統的儀式和教義。他們面對時代的潮流，倒是信仰堅定，絲毫不爲「精彩的世界」所迷惑、動搖；另一類是單純的信徒，他們更是幾乎完全不被我們這個正在日益墮落的世界所感染，依然踱著方步，漫遊在他的宗教世界裏。

而尋找精神家園的人則不屬於這兩種類型。他們由衷地敬仰耶穌基督，手捧《聖經》，按照《聖經》的準則生活，但他們不會去受洗，也不從屬於任何教會；他們可以欽仰親鸞或道元（日本的宗教），但他們卻不一定是本願寺或曹洞禪院的成員。他們企圖在各種宗教中找到開啓心靈的鑰匙，但卻徘徊在宗教組織的門外。他們只在乎尋找他們的精神家園。

這樣的人也有兩種。第一種稍稍帶有「宗教味」，並且與純粹的世俗性相關聯。在西方有一個「完全自由教團」之類的團體，作爲消遣，人們或打高爾夫球，或放煙火，都帶點宗教的味道。但這和傳統的宗教有很大的不同，傳統的宗教傾心於禁欲主義，壓制人的娛樂欲望，可是他們卻在嘗試一種適應現代人需求的方式，把娛樂活動積極地帶進宗教活動中，第二種則是地地道道的具有宗教性了。他們可以無視所有傳統的宗教組織、教義、儀式等，但他們卻在探尋回歸到一種原初狀態的精神，或者通過靜坐、禪思等方式，謀求在內心直達心的自我的本源。

但這就是眞正的「精神樂園」了嗎？你肯定回答說：不是！

的確，這樣的「精神樂園」能拯救個人的心靈，改變個人的生活，可是不能匡救地球村的全體公民。世界日益成爲一個單一的人類共同體，人們共同面臨著人類的存亡問題。每個人必須有普遍的責任感，就像關心自己的痛苦那樣去關心別人的痛苦，必須找到開啓精神家園的「萬能鑰匙」，既能啓開自己的心扉，也能滿足他人的需求。

萬能鑰匙必須是一種融精神自由與深刻的內心覺醒於一體的文化。這看樣子還沒有找到。基督教不是，

佛教也不是。日本的一位學者阿部正雄給我們打了一個比方：僅僅滿足於作爲西方模式的世界宗教的基督教是父性的，而僅僅滿足於作爲東方模式的世界宗教的佛教是母性的。一個眞正的精神家園，必須是父親和母親的結合，以達到徹底的和諧統一。在這樣的精神樂園裏，人、自然與神既判然分明，又渾然一體。這是爲了拯救一體化世界的危機，精神家園所必須承諾的：我們再造一隻諾亞方舟，那裏不會有潘朵拉的盒子，只有「象、猴、兔、鴿」的和睦共處。

你往何處去

在一片尋找新的精神家園的熱浪中，藏傳佛教還應做些什麼？

藏傳佛教高僧們和他們的西方門徒可以驕傲地說，藏傳佛教在西方的緩緩傳播已結出了累累碩果。確實，在追尋精神家園的進程裏，許多西方人驚訝於藏傳佛教對內在心靈的探索和人本主義的體現，最終投入了佛陀的懷抱。但這並不意味著藏傳佛教已融入西方世界。在它傳播的過程中，正在逐漸消失的鴻溝之外又出現了一道新的裂痕，藏傳佛教的高僧也充分認識到了這一點。達延仁波切即告訴我們：藏傳佛教高僧和他們的西方弟子之間缺乏足夠的眞正意義上的交流，有的只是對彼此的幻想而已。這樣的例子多得很。

隨著藏傳佛教在雪域的傳播，逐漸形成了不同的教派。各派的信徒們並沒有手拉手、肩並肩地用高度的佛教和諧，爲證得徹悟而勤學苦練、潛修我佛，反而陷入了教派的紛爭、械鬥中去，曾經演出過一幕幕的悲劇。好在每一個藏族在孩童時期就被告知，這些衝突純屬「行動中的個人主義」而已，佛法早已深植於高原百姓之中了。

而藏傳佛教在西方就缺乏這種基礎。西方人之所以接受它，是因爲藏傳佛教迎合了他們目前的精神需求。對許多人而言，這個全新的宗教應該沒有基督教中的任何缺陷，是他們內心世界盼望已久的歸宿。在他們看來，藏傳佛教中的金剛乘是唯一值得修鍊的東西，所有的上師都已獲得證悟。萬能的佛陀，才是開啓他們心靈的鑰匙，因而上師所屬的教派才是最正宗的、最富有成效的、最神聖的，如此眾多的想入非非的念頭正好暴露了西方人對人生的極度恐懼，遠遠缺乏高度的出世境界。

於是上師們就用「驚人的努力來維持自己對教派和修鍊的不切實際的理想」，而一切不符合他們這種需要的修道，都被拋棄了。突然間，我們會發現：在西方，藏傳佛教的各種教派及其支派，甚至分支派之間狂熱而盲目的衝突，竟然一如在雪域高原上，是那麼的激烈，令人百思而不得其解。

驀然間，你會明白，那一切只不過是一些藏傳佛教高僧們把玩的「新戲」。

他們有的要求曾皈依修持不同於自己教派的徒弟，在皈依他們所屬的教派時，必須重新舉行皈依儀式，强調只是對他們自己一派而非對整個藏傳佛教的皈依，更甚者，對其他教派持偏見，互相攻伐。

他們有的甚至違背自己的教育和修鍊，召集一批信徒，要弟子們信誓旦旦：從即日起修鍊，學期短、收效快，很快能達到最高的境界等等。

另外一個令人不安的現象是「活佛轉世熱」。「流亡的轉世活佛猶如通貨膨脹中的紙幣一樣增加了許多」。活佛轉世制度在西藏延續了幾百年之久，它的意義對藏族甚至對許多西方人來講都是無可爭辯的，因而「活佛」這頂桂冠在西方的宗教領域上有著很高的價值，有了它，頓時可以身價百增，比你擁有幾百萬的金錢還瀟灑、有地位，能呼風喚雨，指東道西。於是活佛轉世呼啦啦的冒出來，「彷佛每個寺院的廚師也能轉世一般」。而活佛所謂的那些西方弟子也是開口一個「大師」，閉口一個「大師」，比許多藏族都叫得響，叫得親熱。

西方人的「虔誠」與「崇拜」，不僅僅表現在對轉世活佛的尊崇方面，而且是企圖全盤接收藏傳佛教的一切，為此甚至不惜拋棄他們的文化和生存方式。於是也引起了他們同胞的擔憂：

渴望把異國風味的羽毛據為己有，並用這些異國情調的羽毛裝飾他們自己外表的貪婪，會把許多人引入歧途，使他們只知攝取這些「有奇異魔力」的觀念，並把它們運用於外部，就像塗用藥膏一樣。為了避免直接面對自己的靈魂，人們可以無所不用其極，無論它們是多麼荒謬。

話雖尖酸了點，但這是恨鐵不成鋼的舉動，誠心可鑒。藏傳佛教的僧侶們，你可曾聽到這發自內心的呼喊！

超越「珠穆朗瑪」

當然，藏傳佛教的前景自然不是那麼暗淡。它剛一踏出雪域走向西方，就引得許多西方眾生紛紛匍匐在它的腳下，這是一個無言的證明，藏傳佛教自有它旺盛的生命力。況且在西方的不少藏傳佛教的高僧活佛們，早已嘗試著把藏傳佛教的精髓融入西方人的日常、精神生活，如耶喜喇嘛、噶魯仁波切、蔣貢康楚仁波切，無疑會給藏傳佛教注入新的活力，也會給西方「吹皺一池春水」。他們同樣也告誡西方人，不要對自己的文化棄之不顧，希望他們在植根自己文化的基礎上，吸收外來的文化特質，並從中獲益。

根植於東方傳統的藏傳佛教文化，已經向西方模式的基督教發起了衝擊，也許從世界屋脊上下來的藏傳佛教，會一如屹立在世界屋脊上的珠穆朗瑪峰一樣，佔領世界精神樂園的制高點。

有人曾作過這樣的比喻：人的童年猶如純淨透明的水，一切都很自然而眞實。人到中年，搏擊於社會的舞臺，濁浪排空，這杯水則無法清澈透明。到了老年，要嘛主動追求人生的澄淨，要嘛無奈回復透明，無論怎樣，這杯生命之水，是經過歲月沈澱之後的再一次透明。這是每一個生命的存在過程，也是不可抗拒的自然法則。

從這樣的生命存在出發，藏傳佛教可謂一種生命體驗的結晶，而所有人類文化之結晶，是由無數鮮活的生命所體悟出來的。正因有了體驗，人類才能逐漸悟出眞理，並接近她，因此我們面對的藏傳佛教，有如面對自己的生命動脈。

這是一個墮落的世界，這同樣又是一個充滿希望的世界。當人類健步踏人廿一世紀的行列之後，我們會發現，人類擁有一個更燦爛、輝煌的明天。在此謹錄詩一首，作爲本章的結尾，同樣是本書的結尾。

人類的覺醒

這顆星球上的芸芸衆生
已經跨入一個時代，
他們必須領悟今天人類存在的基石

就是清楚地認識到自己是「人類」，
必須認識這是在浩翰宇宙間衍生與死滅的
一個活生生的自覺的實體。

人類若要度過這個時代
必須領悟自己的真我，
超越自我與他人的畛域，
方知人人都生存於
「自我覺悟的無垠天地」，
圓滿實現自我和他人。

當今世界的危機
起自不知自我否定的國家，
永無休止的相互衝突與爭端。
今天我們應該建立的
不是各個主權國家聯盟的
那種國際邦聯，

更不應是一個世界帝國
被一個奪得霸權的強國僭登寶度。
它必須是一個人類的世界，
主權真正歸諸全人類，
它是一個自覺的實體，
深刻意識到自己是「人類」
……
我們不必絕望於歷史的罪惡，
它超越了個人的力量。
必須認識民族利己主義原是人類的業障，
深深根植於人的本性
必須把人類置於新的宇宙論中，
擺脫人類中心主義的藩籬。
自我覺悟的無垠天地，
把生命賦予自我和他人。
而又在兩者之間判然分明——
這豈不正是人類新社會的根基！

附錄

一：第十六世噶瑪巴簡要生平

按：第十六世噶瑪巴讓迥若必多傑對西方的影響是不言而喻的，他曾兩次環球弘法，爲三千人受過比丘戒。儘管他早在八〇年代初即已圓寂，但他在西方的影響持續不衰，他的信徒們在西方建立了不少的「法輪」中心，以傳播噶瑪噶舉教法。而國內的讀者對他瞭解甚少，故在此作一簡略介紹。

第十六世噶瑪巴讓迥若必多傑於一九二四年六月誕生在四川省（時稱西康省）德格縣的丹喀（Denkhok）鄉。其父次旺諾布，其母格桑曲旦。據云，竹慶寺住持竹慶活佛確吉多傑曾預言有一位大菩薩降生在貴族阿圖（Athub）的家裏，故此，格桑曲旦在分娩之時，特意到附近名爲獅天堡的蓮花生大師洞中。小讓迥出生的當晚，各種吉祥徵兆顯現。

不久，司徒帕瑪旺秋傑布將第十五世噶瑪巴的預言信打開，發現其中對讓迥若必多傑雙親的住處有詳細的說明。於是他派出一隊搜索小組，很快將讓迥若必多傑找到了。

十七歲時，從司徒活佛和蔣貢康楚活佛受沙彌戒。一年後，噶瑪巴的金剛冠和法袍從楚布寺帶至德格，並在八邦寺舉行了登基大典。

一九三一年四月二十三日，小讓迥和司徒活佛在一千位僧眾的護送下向楚布寺進發。途中在吉那寺進行了他生平第一次的金剛法會。到達楚布寺後，受到八邦康楚活佛、巴沃活佛和嘉察活佛的熱切歡迎。

不久，讓迥若必多傑前往拉薩拜謁第十三世達賴喇嘛土登嘉錯，十三世達賴爲他舉行「披剃」儀式。此後四年，讓迥若必多傑師從貝汝欽哲和貢噶仁波切。

一九三七年，讓迥若必多傑出發訪問司徒活佛和八邦寺。司徒活佛向他傳授康貢洛周塔耶的著作——《噶舉密法》，其內容爲瑪爾巴譯師的密乘教法，其中也包含其他各派的經典教義。

一九四〇年九月，噶瑪巴啓程返回楚布。返程途中，訪問了札什倫布寺。據說當他抵達該寺時，新瓊護法神所騎之馬塑像開始嘶鳴。一九四一年八月，安抵楚布寺。此後三年，他進行密集修行，同時對楚布寺進行修葺。

一九四四年，他啓程朝聖，先到桑耶寺，再到瑪爾巴譯師的家鄉洛札。同年，他接受不丹法王吉美旺秋的邀請前往訪問，在此舉行多次金剛冠法會和許多灌頂。

一九四五年，司徒活佛前往楚布寺，對讓迥若必多傑做進一步指導，並授具足戒。

一九四七年四月，讓迥若必多傑經西藏西部到印度和錫金。在尼泊爾，他舉行金剛冠法會，並爲大眾加持。且到釋迦牟尼的出生地藍毗尼、成道處菩提伽耶等地朝聖。隨後，他到錫金的丹托克，在此舉行金剛冠法會，並爲大眾灌頂。

接著，他來到印度的里瓦沙——蓮花生大師的聖地。一九四八年十一月返抵楚布。

此後，蔣貢康楚活佛應讓迥若必多傑之邀赴楚布寺爲其傳授仁欽德卓大手印和那洛六法，學習相當成功。為了祝賀噶瑪巴對大手印的精通，康楚活佛特作讚美詩一首。

五〇年代初，噶瑪巴擔任楚布寺等及其他九個地區的教學及行政工作。一九五四年，應邀前往北京及內地訪問。在此，噶瑪巴從瑪哈嘎拉護法神處得到一歡境的暗示，指示司徒活佛的轉世環境，於是他寫了一封信回八邦，描述司徒活佛轉世的地點，果然找到了。回程中，噶瑪巴正式在八邦為新的司徒活佛主持坐床儀式。

一九五六年，噶瑪巴訪問竹巴噶舉的主寺竹慶寺，並在此教授，做了一次清淨儀式。隨後前往錫金、印度、尼泊爾等地，參加釋迦牟尼涅槃二千五百年的紀念活動，並朝拜聖地。一九五七年初返回楚布寺。

一九五九年離開西藏前往錫金，四月二十五日到達錫金的首都甘托克，並將第九世噶瑪巴在錫金所建的絨定寺定為自己的駐錫之地。此後投入相當精力，在絨定寺旁新建一座「絨定寺」。

直到一九八一年圓寂，期間他致力於噶瑪噶舉派的傳承及藏傳佛教的西傳事業。

二：第五世噶瑪巴德銀協巴的預言

按：第五世噶瑪巴傳記第十六章有一節名〈自經驗中升起的預言〉，談及至第十六或第十七世噶瑪巴時的情況。因為在第十五世噶瑪巴喀巧多傑（mkhav-khyab-rdo-rje）之前，曾認定第十四世噶瑪巴特卻多吉（the-mchog-rdo-rje）的一位親戚為第十四世噶瑪巴的轉世靈童，然年僅兩歲即夭折。由此引出了對第五世噶瑪巴預言的小小爭議，即其預言中提到的「第十六或第十七世」噶瑪巴是指已逝的第十六世噶瑪巴還是現在的第十七世噶瑪巴。如何計算取決於是否將幼年夭折的第十四世噶瑪巴的轉世靈童放在噶瑪派世系內。在此謹錄第五世噶瑪巴的預言，以饗讀者。

「……由此時算起，在噶瑪巴相續傳承裏，
直至第十六或第十七世之後，
不論是普遍流傳的佛法，
還是岡倉（kam-tshang）教法，
都將似那夏末瀕於滅種的馬蠅；
東方神聖皇帝之脈系將結束，
且其國將被不同之個人統治；
外國人將由北方及東方入侵，
西藏也將被如戒指般包圍，
衛藏之王的功德將達終點，
而且凡人所作皆為錯，
凡所言者皆遭反擊，
善行滅止惡業增長；
由外國人所造的機器，
將橫行於空中偵察之下的國家；

當如此惡劣之時刻來臨時，
將無勝樂也無安寧心，
儘管如此，切莫屈服於頹喪，
切莫背離諸稀有及諸勝者，
應藏身無人之處修習『大手印』！」

「當（噶瑪巴德銀協巴如是說時），
（他的弟子）益西寧布（ye-shes-snying-po）
向他頂禮並迴繞數周，問曰：
『噫，尊者，全知全能的噶瑪巴，您猶如佛陀再世，
當此惡劣時刻來臨時，此地將會發生何事？
若力挽狂瀾需依何法？
將有幾許眾生可引至具福弟子？
聖者都松欽巴（vdus-gsum-mkhyen-pa）所創，
此處法座之消長變異將如何？
懇請賜示，在此境域裏，
何者利益當接受，

何者損害當拒斥？』

尊者（德銀協巴）說：

『益西寧布，請聽！

人此時起直至第十四或第十五世（噶瑪巴），

其名含「金剛」（Vajar）二字，

此法座將「成」及「住」（弘揚並興盛），

爾後，普傳佛法將轉「壞」（衰敗），

此法座也將如此趨於衰落，

但因我往昔甚深廣大願力，

此法座不會空缺，直至佛法滅絕時，

僅當佛法全部終結時，

此座也將不復存。

直至彼時，（此座）將疊現生滅消長。』」

「此去遙遠多康（mdo-khams）境，

地名德格具十德，

王具善業將護法，
歡樂普及多康境，
王逝，德格即衰敗。
同時，其境將建起一名「八」（dpal）之寺廟，
偉大熱巴眾生的怙主，
化身主事名「八」的寺廟，
同時出現如日月般之二人，
其名簡稱「噶」（ka）及「喀」（kha），
凡與此二者相應者，
將永不墮入輪迴之苦，
有地名叫貢德（gom-de）處，
觀音之光之片羽，
將秘化身貢德王，
其王在位眾喜樂，
王逝境域將衰危。

「多康薩摩崗（sar-mo-gang）之地，

有人具備超凡業，
膚色生如秋月光，
圓滿心現不變法界；
彼將引導有緣者，
趨向淨土蓮花光，
彼逝多康轉衰敗。
在此薩卻（sa-cho）法座上，
橘袍羅漢將示現，
大凡與其有緣者，
『均具殊勝之意』，
當其示寂泯滅時，
其心即融覺證心；
名具『金剛』之傳承裏，
有位名曰米覺（mi-bskyod）者，
圓滿佛陀示現身，
無以倫比離言詮，
因彼廣大心量極，

興盛噶瑪巴教法，
延長時期三分之二。
噶瑪巴相續傳承裏，
在第十六世之晚期，
及第十七世之早期，
惡魔化身將會顯現，
化成喇嘛名『納塔』。（Na-Tha）。
名為薩卻的法座，
因其邪願惡業力，
噶瑪教法瀕毀滅，
蓮師「意」之所化現，
攜昔所發正誓願，
將由西方而來臨，
其必將現憤怒意，
其身將由『痣裝點』，
他將言談憤怒語，
膚色深暗眼微鼓，

彼將征服惡魔化現身，
護佑西藏一時期，
歡樂幾許如陽光。」

我想此為藏域將臨事，
縱有偉大人物現，
但因佛法正衰微，
惡魔願力亦成熟，
快樂生起極艱難。
西藏之王將喪失，
來自貢波（kongpo）之大臣，
即是惡魔之化身，
衛藏將陷入戰事，
其政權也瀕崩解。
彼地原無之外族人，
剎那大量遍其地。
在此惡劣之時刻，

人心為惡魔欺瞞，
眾人將無心佛法，
因其能苦楚摧殘。」

「藏地托（to），梅（May），巴（bar）三處，
將成爭鬥之戰場，
匯成血河涑涑流，
因紛爭、動搖、械鬥，
和諧快樂不可得。
因為貧窮及奴役，
富足安逸無處覓。
因為摧殘及牢獄，
自由之土不可得。」

「那稀有及殊勝者，
三根本及諸護法，
並非欠缺慈悲心。

但因眾生惡業力，
邪魔誓願及大力，
末法亦處衰惡期，
三者因緣之和合，
將（成上述之苦楚）。
是時密乘及神法，
將具大力速護持。」

三：楚布寺住持卓本・德千仁波切訪談錄

按：一九九二年六月，一群西方人拜訪了楚布寺，並就楚布寺及第十七世噶瑪巴的有關情況分別於六月九日、十日、十一日訪問了卓本・德千仁波切（Drubpon Decher Rinpoche），下面即是訪談的摘錄。

……當我們到達楚布時，那巨大的寺廟竿柱已站立起來，它被多色風馬旗包繞著。長久以來，竿柱都平放在地上，當作一種哀思的象徵，因爲噶瑪巴沒有被找到。現在一組（人）很忙碌的要將它豎立起來，當它被直立起來時，堅固地有如楚布寺未摧毀前。

我們去看卓本・德千仁波切。克吉博歐由絨定寺（十六世噶瑪巴在錫金的駐錫寺）帶來了一袋加持過的鹽，是從蔣貢康楚仁波切（十六世噶瑪巴的四大弟子之一，因車禍喪生）的靈塔處來的。仁波切已於四月二十六日不幸辭世。這些舍利恭敬地放在卓本・德千仁波切的桌上。

行禮完畢後，我們問卓本・德千仁波切有關噶瑪巴的消息，他告訴我們以下之消息。

大寶法王第十七世噶瑪巴誕生於拉多（Lhatok）鄉，轄屬昌都縣——該地位於西藏之東部，他父親名頓珠，母名洛嘎。

……大寶法王生於一九八五年五月初一。同一天，卓本・德千仁波切自己離開拉達克前往楚布寺，抱著堅定的信心要去重建楚布寺。大寶法王第十七世噶瑪巴生在一個用犛牛皮作成的黑色帳篷裏，雙親是相當貧窮的遊牧人家。

噶瑪巴通常是生在重要的且有錢的人家裏，如第十四世噶瑪巴以及第十六世噶瑪巴；但是現在，如果我們用一點至五點來衡量人的財富，如果一點表示最富有，他的家庭大約算第四點。家庭成員十一人，父母以及九個小孩：六女，他有一兄及一弟。

這時給我們看第十七世噶瑪巴的相片，拍攝於四月二十四日，由楚布寺之主管以及尋找隊伍之領隊喇嘛托莫所攝。卓本・德千仁波切將相片放在他的頭上，以表示他完全承認這名小孩爲噶瑪巴。之後，底片交托到我們手中，從這份底片中，沖選出兩張相片。

有一天，一隻老鷹在帳篷上方大聲嗥叫，這就是噶瑪巴入胎的時日，這種徵兆和《格薩爾史詩》上講的類似。一般而言，老鷹遠離人之住處，但此處老鷹是丹瑪（Dema）的化身，他是格薩爾軍隊的三位將領之一。

當她懷著他（噶瑪巴）時，他的媽媽夢見三隻白鶴給她一碗乳酪。她也夢到蓮花生大師給她一封信，寫在金汁上，上書「我將這個給你，你將會得到一個兒子，他將會長壽」。在大寶法王即將誕生之時，一隻杜鵑啼唱，然後他生下來，很順產。那是一個清晨，在誕生那一刹那，陽光射入了帳篷。

第二天晚上，他媽媽夢見一道彩虹從自己心裏發出來，而且好像還有八吉祥之裝飾。他生下來三日後，人們聽到近處有法樂之演奏音，法螺響著，還有鼓鈸等。但不論人們如何在帳篷裏裏外外找，都找不到演奏法器的人，這類法樂至少延續了三小時半。

……大寶法王的媽媽有許多女兒，但她要更多的兒子。她去見附近寺廟的住持，他們答應會一起祈求，假如她得一子，他必須送給寺廟。此後，她生下來的第一個兒子是噶瑪巴，所以在極年幼時他就剃度出家，沒有人知道他是一位轉世靈童，而且既然他很年幼，依據習俗，他經常回家和家人相處一段時間。當來自楚布寺的尋找隊伍找到了他父母的帳篷時，噶瑪巴就在裏面。知道他是誰，尋訪隊伍的人贈送禮物、食品給他家人，向噶瑪巴獻哈達，他們告訴他的父親好好照顧他，並將他送回附近的寺廟裏，因爲他們要將此令人高興的發現向政府報告，而且還要送一個迎接隊伍來，將噶瑪巴迎到楚布。

〔以下是問答式的〕

問：我們從不同的消息來源得知，第十七世噶瑪巴在四歲時受出家戒，他在哪裏受戒的？

德千仁波切：我不知道年齡，我只知道他的確受了出家戒。他在噶舉寺廟裏出家的，在拉多的噶列寺（**kalek**），寺中可能有一百位僧侶。

問：當噶瑪巴在楚布時，一般人是否可以去見他？

德千仁波切：也許。沒有人知道他會在這裏停留多久？他可能將會離開去旅行。因爲他現在還很年幼，他必須被保護，要去見他的人必須被檢查……。還有，他們不可以和他談話，只能看著他。雖然他的心是菩薩心，因爲他還年幼，他的身體仍是無知的。

西方人喜歡面談，藏族只要加持，假如你問一些你需要知道的事是很好，但假如你只問一些問題，則會很浪費。

問：所有環繞在他誕生時的奇蹟當中，哪一樣是最重要的？

德千仁波切：它們都同等重要。還有，當迎請隊伍離開時，人們告訴我，在昌都的人看到升起四個太陽。當年司徒仁波切（十六世噶瑪巴的四大弟子之一）被認證到及坐床時，八邦的人們看見兩個太陽，昌都的人現在看到四個太陽升起，這是非常吉祥的。

問：需要經費嗎？

德千仁波切：當然。我們需要很多的聚會廳，僧侶的食物及衣袍，以及大寶法王維持所需的一大堆東西，例如一輛吉普車等等。噶瑪巴現在還很小，他可能要學習到大約二十歲左右。我覺得我已經完成了我的工作，我至少重建了楚布寺，現在我可以將它交回給它的主人——噶瑪巴。我不在乎我的視力、我的健康或我的生命，我的任務已完成。

數月之前，我的健康情形實際比現在糟很多，現在我覺得較好且快樂，（因爲）噶瑪巴要來了。

參考書目

1.《青史》，廓諾・迅魯伯著，郭和卿譯，西藏人民出版社一九八五年版。

2.《紅史》，蔡巴・貢噶多吉著，陳慶英、周潤年譯，西藏人民出版社一九八六年版。

3.《瑪爾巴譯師傳》，查同結布著，張天鎖等譯，西藏人民出版社一九八九年版。

4.《土觀宗派源流》，土觀羅桑卻吉尼瑪著，劉立千譯注，西藏人民出版社一九八四年版。

5.《西藏佛教史略》，王輔仁編著，青海人民出版社一九八二年版。

6.《蒙藏民族關係史略》，王輔仁、陳慶英編著，中國社會科學出版社一九八五年版。

7.《清政府與喇嘛教》，張羽新著，西藏人民出版社一九八八年版。

8.《早期傳教士進藏活動史》，伍昆明著，中國藏學出版社一九九二年版。

9.《活佛轉世揭秘》，周煒著，中國藏學出版社一九九四年版。

10.《活佛轉世》，蔡志純、黃顥編著，中國社會科學出版社一九九二年版。

11.《人類奧秘大開放——藏傳佛教密宗》，尕藏加著，中國社會科學出版社一九九四年版。

12.《西藏度亡經》，蓮花生大師原著，徐進夫譯，天華出版事業股份有限公司一九八七年版。

13.《無死之歌——第三世蔣貢康楚仁波切紀念集》，念楚居士編譯，臺北噶舉佛學會一九九三年版。

14.《密乘解脫之道——卡樂仁波切行傳》，徐進夫譯，祥和彩色印刷有限公司出版。
15.《入藏紀行》，〔日〕多田等觀著，鍾美珠譯，中州古籍出版社一九八七年版。
16.《西藏探險》，〔美〕約翰·麥格雷格著，向紅笳譯，西藏人民出版社一九八九年版。
17.《西藏的文明》，〔法〕石泰安著，耿昇譯，西藏社會科學院西藏學漢文文獻編輯室一九八四年編印。
18.《西藏的歷代達賴喇嘛》，〔印〕英德·馬利克著，尹建新譯，中國藏學出版社一九九一年版。
19.《大寶法王文件集》
20.《歐美佛學研究小史》，〔荷〕狄雍著，霍韜晦譯，法住學會一九八三年版。
21.《榮格心理學與西藏佛教》〔美〕拉·莫阿卡寧著，江亦麗、羅照輝譯，商務印書館一九九四年版。
22.《文化戰略》，〔荷〕A·馮·皮爾森著，劉利圭等譯，中國社會科學出版社一九九二年版。
23.《中國文化與基督教的衝撞》，〔法〕謝和耐著，于碩等譯，遼寧人民出版社一九八九年版。
24.《資本主義文化矛盾》，〔美〕丹尼爾·貝爾著，趙一凡等譯，三聯書店一九八九年版。
25.《人與神——宗教生活的理解》，〔美〕斯特倫著，金澤、何其敏譯，上海人民出版社一九九一年版。
26.《宗教心理學》，瑪麗·喬·梅多、理查德·德·卡霍合著，四川人民出版社一九九〇年版。
27.《禪宗與精神分析》，〔日〕鈴木大拙、〔美〕弗洛姆、德馬蒂諾著，洪修平譯，遼寧教育出版社一九八八年版。
28.《禪與西方思想》，〔日〕阿部正雄著，王雷泉、張汝倫譯，上海譯文出版社一九八八年版。
29.《向死而生——哲人小語》，〔德〕貝克勒等編著，張念東等譯，三聯出版社一九九三年版。

30.《死的困擾與生的執著》，郭于華著，中國人民大學出版社一九九二年版。

31.《宗教與日本現代化》，〔日〕村上重良著，張大拓譯，今日中國出版社一九九〇年版。

32.《宗教改革與西方近代社會思潮》，李平曄著，今日中國出版社一九九二年版。

33.《世界的中國觀》，忻劍飛著，學林出版社一九九二年版。

34.《社會與宗教》，〔日〕池田大作、〔英〕B·威爾遜合著，梁鴻飛、王健等譯，四川人民出版社一九九一年版。

35.《新教倫理與資本主義精神》，〔德〕馬克斯·韋伯著，黃曉京、彭強譯，四川人民出版社一九八六年版。

36.《國外藏學研究動態》

37.《西藏研究》

39.《國外藏學研究譯文集》

40.《中國藏學》

41.《藏學研究資訊》

42.《Reincarnation: the Boy Lama》, Machenzie Vicki, London Bloomskurg, 1988.

43.《The way of the white Clouds—A Buddhist Pilgrim in Tibet》, Lama Anagarika Govinda, Shambhala. Boston, 1970.

44.《Primordial Experience-An introduction to rdzogs-chen meditation》, Nakha Norbu, Shambhala,

1987.

45. 《The Myth of Freedom and the Way of meditation》, Chogyam Trungpa, Shambhala, 1988.

46. 《Tibet's Great YoGī—Milarepa A Biography from the Tibetan》, Edited: W. Y. Evans—Wentz, Oxford University Press. 1951.

47. Sakya Monastery. 1984.

48. Sakya Monastery Chronicles, 1986-1988.

49. Shmbhala Mail order Catalogue. Spring, 1995.

後記

經歷了一年多的心與力的征程，書稿終於在緊催急趕中完成了。但是凝望著桌上厚厚的這摞稿紙，我的內心並沒有感到絲毫的輕鬆，反而湧出許多的彷徨和遺憾。

也許唯一感到寬慰的，就是我盡力去做了，因爲我十分珍惜這次來之不易的機會。我跑各大圖書館，訪問有關專家，乃至寫信向國外索求資訊，唯一的目的就是希望儘量搜羅到這方面的材料。搜尋的結果是失望與希望結伴而來。

失望的是，有關材料並沒有想像的那麼多，國內專門介紹國外藏傳佛教傳播情況的材料很少，沒有一本專門的書，只有一些零星的介紹。國外這方面的材料少而零亂，使我覺得很有必要花精力掏一掏這方面的「沙金」，信心也隨著思路的日漸清晰而與日俱增。

本書的寫作，得益於許多師友的熱情幫助和鼓勵，藉此機會一併表示感謝。特別需要感謝的有：王堯教授，不僅爲本書提供了相當豐富的材料，還爲本書的寫作提出了恰到好處的建議；四川省藏學研究所唐家衛所長、四川省社會科學院歷史所羅潤蒼研究員、中國社會科學院民族研究所伍昆明教授、中國藏學出版社高淑芬老師、李燁老師，他們的指點，使我少走了不少彎路；師友褚俊傑，他的點撥，開拓了我的思路；摯友趙景成，披閱了大部分書稿，並撰寫部分內容；馮曉平女士，她是本書的第一位讀者，她的鼓勵，令我信心

倍增；摯友楊博，校閱了部分書稿；還有叢書的總策劃者班果、李清，沒有他們的好策劃，就沒有本書的寫作。

本書在寫作過程中參閱了大量的中外文文獻，在此也謹向這些文獻的原著者表示感謝。

願這本小書對讀者除了消遣之外，還有新的收穫。

作者・一九九六年十二月

國家圖書館出版品預行編目資料

藏傳佛教大趨勢：佛光西漸 / 黃維忠著. --
初版. --臺北縣汐止市：大千， 民91
面； 公分. --(藏傳佛教系列；TV9101)

參考書目：面
ISBN 957-8231-93-8 (平裝)

1. 藏傳佛教

226.96 91010311

◀藏傳佛教 TV9101

藏傳佛教大趨勢 佛光西漸

作　　者：黃維忠
編　　輯：大千編輯部
出 版 者：大千出版社
發 行 人：梁崇明
校　　稿：李坤泰、徐立强、呂國良
登 記 證：行政院新聞局局版台省業字第２４４號
地　　址：台北縣汐止市汐萬路二段６６巷６３弄２號
發 行 處：台北市中山北路二段１３７巷４３號４樓
電　　話：（０２）２５２３０５２６
傳　　眞：（０２）２５６３９６７４

劃撥帳號：１８８４０４３２　大千出版社
E-mail：L1200000@ms48.hinet.net
銀行匯款：銀行代號：010 帳號：00300100030549
　　　　　華僑銀行 帳戶：大千出版社
博客來網路書店：Books.com.tw
初　　版：中華民國９１年７月
流 通 費：２８０元 （郵購未滿1200元請自付郵資80元，採掛號寄書）

ISBN 957-8231-93-8